에너지와 AI

AI문고

인공지능 시대입니다. 기계가 인간의 인지를 대신하고, 사물이 인간을 통하지 않고 다른 사물과 직접 커뮤니케이션합니다. 이에 따른 인간 삶과 문명 변화를 정확히 이해 · 예측 · 대응하는 것은 이 시대 우리 모두의 과제입니다. AI문고는 인공지능 기술과 환경의 여러 주제를 10가지 키워드로 정리합니다. 관련 개념과 이론, 학계와 산업계의 쟁점, 우리 일상의 변화를 다룹니다. 인간과 기술의 현재, 미래를 세심히 분석합니다.

일러두기

- 인명, 작품명, 저서명, 개념어 등은 한글과 함께 괄호 안에 해당 국가의 원어를 병기했습니다.
- 외래어 표기는 현행 어문규정의 외래어표기법을 따랐습니다. 다만, 솔루션은 관행을 따랐습니다.

처음이세요?

전문가세요?

에너지와 AI

최우성

대한민국, 서울, 커뮤니케이션북스, 2025

에너지와 AI

지은이 최우성
펴낸이 박영률

초판 1쇄 펴낸날 2025년 8월 30일

커뮤니케이션북스(주)
출판 등록 2007년 8월 17일 제313-2007-000166호
02880 서울시 성북구 성북로 5-11
전화(02) 7474 001, 팩스(02) 736 5047
commbooks@commbooks.com
www.commbooks.com

ISBN 979-11-430-0747-6 03500

책값은 뒤표지에 표시되어 있습니다.

차례

에너지 산업의 혁신을 이끄는 AI

현대판 '데우스 엑스 마키나'

고대 그리스 연극에서 해결 불가능한 난관에 봉착했을 때, 기계 장치를 타고 신 '데우스 엑스 마키나(Deus ex Machina)'가 등장해 모든 갈등을 일시에 해소한다. 오늘날 인공지능(AI, Artificial Intelligence)은 마치 현대판 '데우스 엑스 마키나'처럼 다양한 분야에서 복잡하고 해결이 불가능할 것 같은 문제들을 해결하는 만능 키로 여겨지고 있다.

특히 에너지 산업은 탄소 중립, 분산화, 디지털화라는 거대한 전환의 파도 속에서 감당하기 어려운 도전에 직면해 있다. 에너지 자원의 다변화, 신재생 에너지의 간헐성, 프로슈머의 등장, 그리고 기후 변화 대응이라는 복합적인 과제들로 기존의 전력 시스템 운영 방식은 한계에 이르고 있으며, AI는 이러한 난제를 해결할 강력한 도구로 인식된다.

AI는 방대한 데이터를 분석하고, 숨겨진 패턴을 파악하며, 예측 및 최적화된 의사 결정을 지원함으로써 전력 시스템의 효율성과 안정성을 획기적으로 향상할 수 있다. 실제로 AI는 청정에너지 솔루션 구현, 에너지 생산 비용 절감, 핵심 에너지 인프라 보호 등 다양한 영역에서 혁신을 주도할 것으로 기대된다.

그러나 AI를 모든 어려운 문제를 해결할 기적의 도구로 단순하게 생각하는 것은 경계해야 한다. 무엇보다 안정성이 중요한 전력 분야에서 AI를 도입하고 확산하는 것은 그 자체로 새로운 기술적, 윤리적, 사회적 과제를 동반하기 때문이다. 데이터의 품질과 보안성 제약, 알고리즘의 안정성과 설명 가능성 부족, AI 시스템 자체의 에너지 소비, 그리고 AI로 인한 일자리 변화 등은 AI가 가져올 미래가 결코 순탄하지 않을 수 있음을 드러낸다.

AI는 에너지 산업의 혁신을 이끄는 확실한 조력자임은 분명하지만, 데우스 엑스 마키나처럼 모든 문제를 단번에 해결해 주는 완벽한 존재는 아니다. AI의 성공적인 안착은 기술적 진보와 더불어 발생 가능한 문제점들에 대한 깊이 있는 성찰과 선제적 대응 노력이 병행될 때 비로소 가능할 것이다. AI가 지닌 잠재력을 최대한 활용하면서도 그 한계를 균형 있게 인식하고 관리하는 지혜가 필요하다.

여기서는 에너지 산업 내 AI의 다각적인 응용 현황을

포괄적이고 전문적인 수준에서 분석하고, 현재의 기술 발전 동향, 주요 도전 과제, 미래 전망을 명확히 제시하고자 한다.

AI는 '만능 해결사'가 아닌, 강력하지만 신중한 접근이 필요한 '혁신 도구'로 인식해야 한다. 그래야만 에너지 산업에서 AI의 역할을 다각도로 이해할 수 있다.

에너지 분야 AI 활용 10가지 주제

발전, 송배전, 최종 사용에 이르는 에너지 가치 사슬 전반에 걸쳐 AI의 혁신적 잠재력을 종합적으로 대표할 수 있는 10가지 주제를 선정했다. 각 주제는 AI 기술이 특정 도전 과제를 해결하고 새로운 가능성을 열어 가는 방식을 구체적으로 보여 준다.

첫째, '미래 전력망에서의 AI'는 머신러닝(ML, Machine Learning), 딥러닝(DL, Deep Learning), 에이전틱 AI (Agentic AI)와 같은 첨단 기술을 활용해 전력망의 신뢰성을 향상하고 복잡성을 관리하며 자율 운영을 가능하게 하는 데 중점을 둔다.

둘째, '발전소 수명 평가 AI'는 합성곱 신경망(CNN, Convolution Neural Network)과 머신러닝으로 발전소 핵심 설비의 안전성을 증대하고 유지보수를 최적화하며 비용을 절감하는 데 기여한다.

셋째, '발전소 성능 예측 AI'는 머신러닝, 딥러닝 및 센서 데이터 분석으로 운영 효율을 극대화하고 연료를 절감하며 탄소 배출을 저감한다.

넷째, '가스 터빈 이상 예측 AI'는 시스템 고장 예지(Prognostic and Health Management) 관점에서 딥러닝 합성신경망 알고리즘을 활용해 고장을 예방하고 가동률을 향상하며 안전성을 확보한다.

다섯째, '전력 수요 예측 AI'는 1D-CNN, 양방향 장단기 메모리(Bi-LSTM)와 같은 시계열 분석 모델을 사용해 계통을 안정화하고 신재생에너지 통합을 지원하며 경제적 운영을 가능하게 한다.

여섯째, '재난 대응 AI'는 영상 인식, 실시간 데이터 분석, 드론/위성 활용으로 복원력을 강화하고 피해를 최소화하며 신속한 복구를 지원한다.

일곱째, '신재생에너지와 AI'는 태양광, 풍력발전 및 에너지 저장 시스템(ESS, Energy Storage System) 운영 최적화 등으로 신재생 에너지 활용을 극대화하고 계통 안정성에 기여하며 탈탄소화를 지원한다.

여덟째, '에너지 신소재와 AI'는 그래프 신경망(GNN, Graph Neural Network), 능동 학습, 머신러닝으로 신소재 개발 기간을 단축하며 에너지 기술의 한계를 돌파하는 데 기여한다.

아홉째, '발전 분야 디지털 트윈'은 물리 기반, 데이터 기반, 하이브리드 모델을 활용해 실시간 모니터링, 성능 최적화, 예측 정비 및 시나리오 분석을 수행한다.

마지막으로, 에너지 분야에서 'AI 활용을 위한 과제'는 데이터 표준화, MLOps(Machine Learning Operations), 연합 학습, 프라이버시 강화 기술 등으로 AI 도입을 확산하고 신뢰성 있는 AI 생태계를 구축하며 지속 가능한 AI 활용 기반을 마련하는 것이다.

이러한 10가지 주제는 개별 응용 사례를 넘어 서로 유기적으로 연결되어 있다. 예를 들어 정확한 전력 수요 예측은 신재생 에너지의 효율적인 통합과 미래 전력망의 안정적인 운영에 직접적으로 기여한다.

마찬가지로 에너지 신소재 개발은 고효율 태양전지나 배터리 기술 발전을 촉진해 신재생 에너지 활용도를 높일 수 있다. 디지털 트윈 기술은 발전소 성능이나 이상 예측 모델을 통합해 더욱 정교한 시스템 운영을 가능하게 한다.

이처럼 AI 응용 분야 간의 시너지는 에너지 산업 전반의 혁신을 가속화하는 중요한 동력으로 작용하며, 개별 기술의 단순한 결합보다 더 큰 가치를 창출한다.

에너지, AI 생태계에서 고려해야 할 주제들

에너지 분야에서 AI 활용과 관련해 소개한 10가지 주제 외에, AI의 혁신적 잠재력을 보여 주는 여러 보완 영역과 시스템 전반에 걸친 고려 사항들이 존재한다. 이러한 논의는 AI가 에너지 생태계에 미치는 광범위한 영향을 이해하는 데 필수다.

에너지 시장은 신재생 에너지 보급 확대, 지정학적 요인, 수요 변동성 증가 등으로 인해 점점 더 복잡하고 예측하기 어려운 환경에 직면하고 있다. 이러한 상황에서 AI 알고리즘은 실시간 시장 분석, 가격 예측, 위험 관리, 그리고 전력, 탄소 배출권, 신재생 에너지 공급인증서(REC) 등의 거래 자동화에 탁월한 능력을 발휘한다.

AI는 방대한 양의 시장 데이터를 실시간으로 처리해 기존에 파악하기 어려웠던 미묘한 시장 동향과 가격 변동 패턴을 감지하고, 최적의 거래 전략 수립을 지원한다. AI 기반 전력 거래 시스템은 유틸리티 기업과 대규모 에너지 소비자들이 소비 패턴, 규제 변화, 심지어 기상 예보까지 분석해 더욱 현명한 구매 결정을 내릴 수 있게 지원한다. 이를 통해 거래 효율성을 높이고, 거래 전략을 최적화하며, 변동성이 큰 시장 환경에서 위험을 효과적으로 완화하고 수익성을 극대화할 수 있다.

AI의 도입으로 전력 거래 방식은 인간의 직관이 아닌 데이터에 기반해서 최적화하는 전략으로 전환되고 있다. 이는 시장 참여자들에게 새로운 기회를 제공하는 동시에 이로써 알고리즘에 기반을 둔 새로운 시장의 위험에 대비해야 하는 필요성도 생겨난다. 정교한 AI 도구가 대형 사업자에게 유리하지만, AI 플랫폼이나 도구에 대한 접근성이 향상됨에 따라 소규모 사업자에게도 고도화된 거래 전략을 활용할 기회가 있다. 물론 이러한 변화는 적절한 규제가 없다면 알고리즘 담합이나 시장 조작과 같은 새로운 형태의 위험을 초래할 수도 있어, AI에 기반을 둔 전력 거래의 속도는 전통적인 시장 감시 체계에 위협이 될 수 있다.

전기자동차(EV)의 확산은 전력망에 상당한 규모의 새로운 부하를 추가하는 동시에, 분산에너지 저장 장치로서의 잠재력을 제공한다. AI는 전기 모빌리티 시대를 맞아 스마트 그리드와의 시너지를 창출할 수 있다. 전력망 과부하를 방지하기 위해 EV 충전 스케줄을 최적화하는 스마트 충전(Smart Charging) 기술과, EV가 전력 수요가 높거나 비상 상황 시 전력망에 전력을 역송전할 수 있도록 하는 양방향 전력의 흐름을 관리하는 V2G (Vehicle-to-Grid) 기술에 AI 활용도가 높아지고 있다.

V2G 시스템으로 EV는 지역 전력망에 연결되어 저장된 에너지를 전력 공급이 부족한 시기에 활용할 수 있다.

AI에 기반을 둔 제어 알고리즘은 배터리 상태, 사용자 편의성, 전력망 상황, 실시간 전기 요금 등 다양한 변수를 고려해 최적의 충방전 시점을 결정한다.

이를 통해 전력망 안정성을 향상하고, 잉여 신재생에너지를 저장해 활용도를 높이며, EV 소유자에게 충전 비용 절감 및 V2G 서비스를 통한 새로운 수익 창출 기회를 제공할 수 있다. 결과적으로 AI는 EV를 수동적인 부하에서 능동적이고 유연한 전력망 자산으로 전환하고, 복원력이 있고 효율적 분산형 에너지 시스템 구축에 기여한다.

분산형 에너지 자원, 특히 간헐적인 신재생에너지의 성공적 대규모 통합은 상당한 유연성 자원을 필요로 한다. AI에 의해 지능적으로 관리되고 집합된 EV는 기존의 '에너지 저장 시스템'이 신속하고 비용 효율적으로 대응하기 어려운 규모의 분산 저장 용량을 제공할 수 있다. 전력망 수요, 신재생에너지 가용성, EV 사용자 선호도에 따라 충전 및 방전을 최적화하는 AI의 역할은 매우 중요하다. AI에 기반을 둔 V2G는 단순한 EV 활용을 넘어, 높은 신재생에너지 비중을 가진 분산형 전력망을 위한 핵심 역할을 한다.

AI는 다양한 에너지원의 통합을 최적화하고 에너지의 효율성을 향상하는 확실한 도구이지만, 역설적으로 AI 연산 자체, 특히 대규모 모델의 훈련이나 데이터센터 운영에는 막대한 전력이 소요된다는 이중적 과제에 직면해 있다. 챗GPT와 같은 생성형 AI는 요청을 처리하는 데 일반적인 구글 검색보다 약 10배의 전력을 소비하는 것으로 분석된다. AI 데이터센터의 전력 수요는 기하급수적으로 증가할 것이며, 이는 데이터센터가 새로운 형태의 '기저부하(Baseload)'로 부상할 수 있다는 의미다.

AI를 위한 데이터센터의 급격한 성장은 지역 전력망에 부담을 주고 새로운 발전 설비 용량을 요구할 수 있다. 이러한 데이터센터의 문제를 완화하기 위해 100% 재생 가능 에너지 활용 운영, 에너지 효율이 높은 AI 하드웨어 및 알고리즘 개발, 액체 냉각 시스템과 같은 혁신적인 냉각 기술 도입, 전략적인 입지 선정 등의 노력이 계속되고 있다. 에너지 효율이 높은 AI를 개발하고 전력을 안정적으로 공급해서 긍정적인 영향을 보장하는 것이 중요하다.

전력이나 에너지 분야처럼 국가나 사회적으로 필요한 기반 인프라에 AI를 배포하는 것에 대한 윤리적, 사회적, 거버넌스적 우려나 질문은 당연하다. AI 시스템은 스마트미터에 수집된 에너지 소비 패턴과 같은 민감한 데이터에 의존하므로, 데이터의 유출 및 오용 방지는 매우 중요하다. 편향된 데이터로 학습된 AI 모델은 기존의 불평등을 영속시키거나 증폭해 에너지 가격 책정, 서비스 제공 또는 청정에너지 혜택 접근에 불공정한 결과를 초래할 수 있다. AI 모델이 어떻게 의사 결정을 내리는지를 이해하는 것(설명 가능성)과 장애 발생 시 신뢰를 구축하고 책임질 수 있는 체계를 만드는 것이 필요하다.

AI가 "단순하고, 더럽고, 위험한 일자리"를 자동화할 수 있지만, 그로 인한 일자리 감소와 인력의 기술 향상 및 재교육 필요성에 대한 우려도 존재한다. 또한 AI 하드웨어의 전체 수명 주기(원자재 채굴, 전자 폐기물 등)는 에너지 소비 외에도 환경적 영향을 미친다.

따라서 에너지 부문에서 AI를 책임감 있고 공정하게 개발하고 배포하기 위해서는 강력한 거버넌스 프레임워크(Governance framework), 윤리적 가이드라인, 규제 감독이 필수다. '신뢰할 수 있는 AI(Trustworthy AI)' 구축은 대중의 수용성을 높이고 에너지 생태계에 AI를 성공적이고 지속 가능하게 통합하기 위한 기본 전제다.

에너지 부문에서 AI가 널리 채택되고 효과적이려면 기술적 숙련도 이상의 것이 필요하다. 즉 대중의 신뢰와 수용이 요구된다. 이는 윤리적 우려를 선제적으로 해결하고, 투명성을 보장하며, 단순한 효율성 증대를 넘어 명확한 사회적 이익을 입증하는 데 달려 있다. 이를 소홀히 하면 대중의 저항에 직면하고 AI의 잠재력을 충분히 발휘하지 못할 수 있다.

모든 것의 자율화, 그리고 로봇이 책임진다

AI의 진화는 세상을 보고 듣는 '인식형 AI(Perception AI)'로 현실의 정보를 받아들이는 감각을 갖추고, 언어와 논리를 이해하며 새로운 계획을 세우는 '생성형 AI(Generative AI)'라는 지능적인 뇌를 얻었다. 이제 이 두 능력이 결합해, 스스로 목표를 설정하고 디지털 도구를 사용해 자율적으로 임무를 수행하는 '에이전틱 AI(Agentic AI)'로 발전하고 있으며, 이는 최종적으로 로봇과 같은 '물리적 AI(Physical AI)'와 만나 현실 세계에서 직접 행동하고 상호작용하는 미래로 나아가고 있다.

에너지 분야에서 에이전틱 AI와 물리적 AI는 데이터 분석, 최적화 및 예측 문제에서 검증된 기존의 AI 응용 분야를 넘어 새로운 미래를 제시할 것이다.

'에이전틱 AI'는, 인식 AI로 주변 상황과 데이터를 파악하고, 생성형 AI로 목표 달성을 위한 복잡한 계획을 여러 단계에 걸쳐 수립하며, 필요한 도구(앱, 웹사이트, API 등)를 스스로 사용해 계획을 실행하는 '자율적 의지'를 가진 행위자다.

AI 에이전트가 전력망 전체의 두뇌 역할을 수행하며, 전력 수급과 계통 안정도를 실시간으로 최적화한다. 이 시스템은 도시의 전력 사용량 패턴, 공장 조업률 등 방대한 데이터를 분석해 수요를 예측한다.

동시에 날씨 변화에 따른 태양광, 풍력 등 재생에너지의 발전량 변동성을 예측해 안정적인 전력 공급을 위한 발전 계획을 수립하고 예비력을 자동으로 확보한다. 대규모 정전과 같은 비상 상황 시, AI는 수 초 내에 최적의 복원 시나리오를 계산하고 전력망을 재구성해 피해를 최소화한다.

발전소의 모든 운영 과정이 AI에 의해 완전 자율화된다. AI는 터빈, 보일러 등 핵심 설비의 상태를 실시간으로 모니터링하고 연료 투입량, 증기 압력 등을 미세하게 조정해 최고의 성능과 효율로 발전소를 운영한다. 또한 설비의 미세한 진동이나 온도 변화 등 고장 징후를 사전에 포착해 운전 안전성을 극대화하고, 예측 정비로 불시의 가동 중단을 방지한다. 이를 통해 발전소는 최소한의 자원으로 최대의 전력을 안정적으로 생산하는 무인 운영이 가능해진다.

전국의 변전소, 송전탑 등 주요 전력 설비에 설치된 CCTV와 드론이 촬영한 영상을 AI가 24시간 실시간으로 분석한다. AI는 볼트 풀림, 부식, 열화상 변화 등 육안으로 확인하기 어려운 고장 징후를 조기에 감지하고 예측한다. 이상 징후가 발견되면 즉시 위험 등급에 따라 분류하고 담당자에게 경고를 보내며, 필요하면 로봇이나 드론을 출동시켜 정밀 점검을 지시하는 등 자율적인 감시와 예측도 가능하다.

전력망에 문제가 발생하면 스스로 고장 구간을 분리하고 정상 구간에 전력을 우회 공급하는 '자가 치유' 기능을 갖춘 지능형 전력망이 구현된다. 특히 디지털 트윈(Digital Twin) 기술로 현실의 전력망과 동일한 가상 모델을 구축하고, AI가 디지털 트윈 환경에서 수만 가지 고장 시나리오를 시뮬레이션해 최적의 자율 복원 알고리즘을 학습한다. 실제 고장이 발생하면, AI는 가장 빠르고 안전하게 검증된 방법으로 전력망을 회복시킨다.

'물리적 AI'는 로봇 기술과 AI가 결합해 사람이 직접 수행하기 어렵거나 위험한 물리적 작업을 대신하는 기술이다. 인간 작업자가 감전 위험에 노출되는 활선 작업(전기가 흐르는 상태의 작업)을 로봇이 대신한다.

로봇 팔은 정교한 제어 기술로 고압선에 접근해 낡은 부품을 교체하거나 신규 선로를 연결하는 작업을 수행한다. 또한 태풍, 지진 등 재난으로 접근이 불가능한 위험 지역에 투입되어 긴급 사고에 대응하고 초기 복구 작업을 수행해 인명 피해를 방지하고 복구 시간을 단축한다.

드론이나 사족 보행 로봇이 광활한 지역에 설치된 송전선로나 변전소 내부를 자율적으로 순찰하고 점검한다. 이 로봇들은 열화상 카메라, 고해상도 카메라, 음향 분석 센서 등을 탑재하고 설비의 물리적 손상, 과열, 이상 소음 등을 종합적으로 진단한다. 수집된 데이터는 AI가 분석해 정확한 고장 예측 및 유지보수 시점을 제안하며, 간단한 결함은 로봇이 현장에서 즉시 복구하는 서비스까지 가능해질 것이다.

결론적으로, 에너지 분야에서 AI의 역사는 고장을 판단하고 인식하는 감각을 얻고, 스스로 사고하고 계획하며, 자율적인 의지로 목표를 실행하며, 최종적으로 현실 세계에서 직접 행동하는 육체로 모든 영역과 상호작용하는 방향으로 가는 거대한 여정이다.

통제가 중요하다, 소버린 AI

전력망이나 발전, 송변전 및 배전 설비들은 국가 안보 및 경제와 직결된 에너지 산업의 핵심 인프라다.

에너지 분야의 AI 기술을 해외 소수의 빅테크 기업에 의존할 경우 심각한 문제가 발생할 수 있다. 전력망 운영 데이터, 국민의 에너지 소비 데이터 등 민감한 정보가 해외로 유출될 가능성이 있다. 이는 국가 안보에 위협이며, 국내 산업의 경쟁력 약화로 이어진다. 해외 기업의 AI 플랫폼이나 모델에 종속될 경우, 기술적인 블랙박스로 시스템의 이상 작동이나 보안 취약점에 즉각적인 대응이 어렵다. 또한 일방적인 서비스 중단이나 기술 지원 거부 등의 위험에 노출될 수 있다.

각국의 전력 시스템과 규제 환경, 에너지 소비문화는 고유한 특성을 지닌다. 범용적인 해외 AI 모델은 이러한 특수성을 충분히 반영하기 어려워 국내 환경에 최적화된 성능을 보장하기 힘들다.

따라서 에너지 산업의 안정적인 디지털 전환과 미래 경쟁력 확보를 위해 '소버린 AI(Sovereign AI)' 전략이 필요하다. 소버린 AI란 정부, 공공기관 또는 조직의 AI 기술이나 관련 데이터에 대한 통제권을 의미한다. 여기에는 AI 기술 활용을 위한 하드웨어 · 소프트웨어 인프라와 AI 기술을 운영하고 데이터를 보호에 사용되는 정책과 인력, AI 기술이 배포되고 운영되는 방식까지 포함된다.

에너지 공기업, 민간 발전사, IT 기업 등이 참여하는 컨소시엄을 구성하고 양질의 전력 데이터를 수집, 가공, 표준화하고 공동 활용할 수 있는 '국가 전력 데이터 센터'를 구축해야 한다. 수집된 데이터는 개인정보 비식별화 등 엄격한 보안 절차를 거쳐 안전하게 관리하고, 국내 AI 기업과 연구기관이 활용해 한국형 AI 모델을 개발할 기반을 마련해야 한다.

단순히 해외 AI 모델 도입을 넘어, 국내 에너지 시스템의 특성과 환경에 최적화된 '에너지 분야 특화 대규모 언어 모델(LLM, Large Language Model) 및 기초 모델(Foundation Model)'을 개발해야 한다. 정부와 에너지 공기업은 연구개발(R&D) 투자를 확대하고, 국내 산학연과의 협력으로 발전 예측, 부하 관리, 고장 진단 등 핵심 분야 AI 모델을 개발하고, 실제 전력망 환경에서 성능을 검증하는 실증 사업도 추진해야 한다.

AI의 예측과 판단 과정을 사람이 이해하고 신뢰할 수

있도록 하는 '설명 가능 AI(XAI)' 기술을 에너지 시스템에 적극 도입해야 한다. AI 모델의 공정성, 투명성, 책임성을 확보하기 위한 윤리 가이드라인과 인증 체계를 마련하고, AI 시스템의 오작동이나 사이버 공격에 대비한 비상 대응 체계를 구축해서 AI의 신뢰도를 높여야 한다.

에너지 분야에서 주요 시스템의 제어 및 운영은 외부와 물리적으로 분리된 온프레미스(On-premise) 환경에 구축하고 보안을 강화해야 한다. 일반적인 데이터 분석 및 예측 모델 개발 등은 외부 클라우드를 활용하되, 핵심 데이터와 시스템은 내부에서 통제하는 하이브리드 클라우드 전략으로 효율성과 보안성을 동시에 확보해야 한다.

에너지 분야에서의 소버린 AI 전략은 필수 불가결하다. 데이터 주권 확보, 핵심 기술 내재화, 신뢰성 있는 거버넌스 구축으로 AI 기술을 주도적으로 활용하고 제어할 수 있을 때, 비로소 안정적이고 효율적인 미래 에너지 시대를 완성할 수 있을 것이다.

우리 질문을 바꿔 볼까요?

에너지 분야 AI 활용, 성공의 열쇠는 비판 없는 무분별한 활용이 아닌 '올바른 질문'에 있다.

AI가 에너지 산업의 미래를 혁신할 핵심 동력이라는 점에는 의심의 여지가 없다. 발전, 송배전, 판매에 이르는 전 과정에 걸쳐 AI는 효율성, 안정성, 예측 가능성을 한 차원 높일 잠재력을 품고 있다. 하지만 이 기술을 성공적으로 도입하고 활용하기 위해서는 기술 그 자체에 대한 맹목적인 믿음을 넘어, 우리의 접근 방식과 질문을 근본적으로 바꾸는 자세가 필요하다.

성공적인 AI 도입은 'AI로 무엇이든 할 수 있다'는 막연한 기대에서 벗어나 'AI가 할 수 없는 것은 무엇인지'를 명확히 이해하는 것에서 시작한다. 모든 문제를 한 번에 해결하려는 시도보다는, 작지만 핵심 문제를 정의하고 단계적으로 해결해 나가는 실용적인 지혜가 중요하다. 이는 전력망과 같이 고도의 안정성과 신뢰성이 요구되는 분야에서 특히 유효하다.

또한 우리는 '데이터가 중요하다'는 표면적인 인식을 넘어, 그 데이터를 해석하고 가치를 부여하는 '도메인 전문가의 중요성'을 깊이 인식해야 한다. 에너지 시스템에 대한 깊은 이해가 결여된 데이터는 단순한 숫자의 나열에 불과하다. AI는 현장 전문가를 대체하는 '의사 결정자(Decision Maker)'가 아니라, 전문가가 더 정확하고 신속한 판단을 하도록 돕는 강력한 '의사 결정 조언자

(Decision Supporter)'로 자리매김해야 한다.

궁극적으로 에너지 분야에서 AI의 성공적인 안착은 단순히 '보유한 데이터로 무엇을 할 수 있을까'를 묻는 것을 넘어, '미래를 위해 데이터를 어떻게 체계적으로 관리하고 활용할 것인가'라는 전략적 질문으로 시작하는 데 달려 있다. AI의 예측과 분석을 맹신하기보다, 끊임없이 사실을 확인하고 검증하는 문화를 정착시켜야 한다.

에너지 분야의 AI 혁신은 기술 도입 자체에 있는 것이 아니라, 우리가 어떤 질문을 던지고 어떤 철학으로 접근하는가에 따라 그 성패가 갈릴 것이다. AI라는 강력한 도구로 효율적이고 신뢰할 수 있을 뿐만 아니라, 공정하고 안전하며 환경적으로 책임 있는 에너지의 미래를 만들어 가기 위한 질문을 계속해야 한다.

01
미래 전력망과 AI

에너지 자원이 다양해짐에 따라
전력망(그리드)의 복잡성이 커지고 효율적인
운영이 점점 더 어려워지고 있다.
AI는 미래 전력망의 복잡성을 보다 관리하기
쉽게 도와주며 동시에 신뢰성, 균형, 회복성 및
경제성을 최적화하는 데 기여한다.

AI와 1인 창업?

전력망, 그리드

전자기유도 현상을 이용해 역학적 에너지를 전기에너지로 만드는 발전기에서 자유 전자들이 분리된다. 분리된 자유 전자들은 10^-4 m/s(초속 0.1밀리미터) 속도로 전선을 따라 이동하면서 인접한 원자와 부딪히고 또 다른 전자를 분리하는 연쇄 과정을 겪는다.

도미노와 같이 동시에 움직이는 자유 전자들은 전선의 전압을 상승시키고 전기는 초당 60회 주파수로 전선을 통해 우리에게 온다. 우리가 일상에서 당연히 존재하리라 생각하는 것 중 하나가 전기다. 전기는 다양한 방식으로 만들 수 있지만 발전원에서 소비자에게 전달할 수 있도록 상호 연결된 전력망, 즉 그리드(Grid)를 통해서만 사용이 가능하다.

그리드는 발전소에서 생산된 전력을 거의 실시간으로 전달한다. 전력망이 연결된 모든 지점으로 표준화된 전기를 전달하는, 아주 복잡한 시스템으로 발전소를 중심으로 거대한 고리 모양의 구조를 갖는다. 생산과 동시에 소비해야 하는 전기의 특성상 그리드는 전기 생산과 소비를 매 순간 균형을 유지해야 한다. 전기 생산이나 소비가 어느 한쪽으로 치우쳐 너무 많아서도 안 되고 적어서도 안 된다.

복잡해지는 전력망

전통적으로 전력망은 대규모 발전소에서 생산된 전기를 멀리 떨어진 소비자에게 일방적으로 전달하는 중앙 집중형 시스템이다. 공급자와 수요자가 명확히 구분되고, 전기가 한 방향으로만 흐르기 때문에 비교적 예측이 가능했다. 하지만 전 세계적인 기후 변화 위협에 맞서 탄소중립 목표 달성에 대한 요구가 높아지면서 에너지 지형도는 근본적인 변화를 맞이하고 있다.

태양광, 풍력과 같은 신재생에너지의 역할이 더욱 중요해졌으며, 소비자가 직접 전기를 생산하고 저장하며 심지어 판매까지 하는 분산전원(DERs, Distributed Energy Resources)이 빠르게 성장하고 있다. 대용량 전력 직접구매 등 민간 전력 시장도 점차 확대되고 있다.

태양광과 풍력은 대표적 친환경 에너지원이지만, 날씨에 따라 발전량이 크게 좌우된다. 이러한 신재생에너지의 간헐성(Intermittency) 및 변동성(Variability)은 발전량 예측을 어렵게 만든다.

전력은 생산과 소비가 실시간으로 일치해야만 하는 특성이 있는데, 예측한 발전량과 실제 발전량의 차이가 크게 되면 전력망의 주파수나 전압이 불안정해져 전력품질이 떨어진다. 심하면 대규모 정전 사태로 이어질 수도 있다.

전기를 사용만 하던 소비자들이 이제는 직접 생산자가 된다. 주택 옥상에 설치된 태양광 패널에서 생산된 전기를 직접 사용하고 남는 전기는 다시 전력망으로 판매(역송전)할 수 있다. 전기 자동차 역시 단순한 이동 수단을 넘어, 전기를 저장했다가 필요할 때 공급하는 '움직이는 에너지 저장 시스템(ESS)' 역할을 한다. 이처럼 전기는 한 방향으로만 흐르던 과거와 달리, 이제는 양방향으로 흐르고, 수많은 소규모 발전원과 소비자가 동시에 전력망에 연결되면서 전체 시스템은 시간이 지날수록 더욱 복잡해지고 있다.

신재생에너지의 간헐성, 변동성과 분산전원의 확산이라는 두 가지 큰 변화만으로도 전력망의 복잡성은 감당하기 어려운 정도다. 발전량의 예측이 어려운 소규모 전원들이 동시다발적으로 전력망에 영향을 미치면, 전체 시스템의 상태를 실시간으로 파악하고 안정적으로 제어하는 것은 거의 불가능하다.

이러한 문제들을 해결하기 위해 전력 시스템 전체를 통합적으로 이해하고 조율할 수 있는 전력망의 '지능화', '자동화', '자율화'가 필요하다.

에이전틱 AI가 이끄는 미래 전력망

전력망이 직면하고 있는 문제들을 해결하기 위한 혁신적인 기술로 '에이전틱 AI(Agentic AI)'가 주목받고 있다. 에이전틱 AI는 단순히 주어진 명령을 수동적으로 실행하는 수준에 그치지 않는다. 명확한 목표를 설정(Definition)하고, 주변 환경으로부터 다양한 정보를 인지(Perception)하며, 수집된 정보를 바탕으로 상황을 분석하고 추론(Reasoning)해 최적의 행동 계획을 수립한다. 그리고 수립된 계획을 자율적으로 실행(Execution)하며, 그 과정에서 얻은 경험으로 스스로 학습하고(Self-learning), 변화하는 환경에 적응(Adaptation)한다. 에이전틱 AI의 자율성과 학습 능력은 전력망 운영의 단순한 자동화를 넘어 '완전 자율 운영' 단계로 발전할 가능성을 보여 준다.

태양광, 풍력, ESS, 전기차 충전기, AI 데이터센터 등 지리적으로 흩어져 있고 특성도 제각각인 수많은 분산에너지자원(DERs)을 효과적으로 관리하는 것은 미래 전력망의 핵심 과제 중 하나다. 에이전틱 AI는 변동성이 큰 신재생에너지 발전을 효과적으로 전력망에 통합하는 데 핵심 역할을 수행한다. 다양한 분산 자원들을 네트워크로 연결하고, 각 자원의 발전량, 충전 및 방전 상태, 전력 소비 패턴 등을 실시간으로 파악하고 조율한다. 이를 통해 수많은 분산 자원들을 마치 하나의 거대한 발전소처럼 통합적으로 운영하는 가상 발전소(VPP, Virtual Power Plant)나 분산에너지자원 관리시스템(DERMs)의 자율 운영을 가능하게 할 것이다.

날씨에 따라 변동이 심한 신재생에너지 발전량을 정확히 예측하고, 에너지 저장 시스템(ESS)이나 수요 반응(DR) 자원 등 다른 유연성 자원과의 연계로 전력망의 균형을 유지해 더 많은 신재생에너지를 안정적으로 사용할 수 있게 만든다. 이를 통해 화석연료에 대한 의존도를 낮추고 국가 온실가스 감축 목표 달성에 크게 기여할 수 있다.

발전, 송배전, 소비에 이르는 전력 시스템 가치사슬(Value chain)의 전 과정에서 에너지 손실을 최소화하고 운영 효율성을 극대화하는 데 에이전틱 AI가 기여할 수 있다. 정확한 수요 예측으로 불필요한 발전소 가동을 줄여 연료비를 절감하고, 가장 효율적인 방법과 경로로 전기를 공급해 송배전 손실을 줄인다. 소비자에게는 실시간 요금 정보나 맞춤형 에너지 절약 컨설팅을 제공해 합리적인 에너지 소비를 유도할 수 있다. 전력 시스템 전 주기에서의 효율성 향상은 발전 설비 운영비 절감, 유지보수 비용 감소 등으로 이어지고 장기적으로 전기요금의 안정화에도 긍정적인 영향을 준다.

자연재해, 설비 고장, 혹은 사이버 공격과 같은 예기치 않은 충격이 발생했을 때, 전력망 스스로 고장을 감지(Fault Detection), 진단(Diagnosis), 분리(Isolation)하고 복구(Restoration)하는 자가 치유(Selfhealing) 전력망도 현실화될 수 있다.

에이전틱 AI는 전력망 곳곳에 설치된 수많은 센서의 데이터를 실시간으로 분석해 아주 작은 이상 징후도 놓치지 않고 포착한다. 만약 설비 고장이 발생하면, 문제의 원인과 정확한 위치를 신속하게 파악하고, 고장 난 부분을 전체 시스템으로부터 안전하게 분리한다. 그리고 즉시 사용 가능한 예비 설비나 대체 전력 공급 경로를 확보해 가능한 한 빨리 전력 공급을 정상화하는 모든 과정을 사람의 개입 없이 자율적으로 수행한다.

광범위한 지역에 걸쳐 발생하는 문제나 여러 요소가 복합적으로 얽힌 상황을 해결할 때에는 다중 에이전트 시스템(MAS, Multi-Agent System)이 큰 역할을 하게 될 것이다. 각기 다른 전문성과 역할을 가진 여러 AI 에이전트들이 팀을 이루어 협력하는 다중 에이전트 기반의 방식은 미래 전력망 운영의 복잡성을 효과적으로 관리하고, 예측 불가능한 상황에 대한 대응 능력을 획기적으로 향상할 수 있다.

나아가 에이전틱 AI 기반의 미래 전력망은 기존에 수동적이었던 소비자들이 에너지 생산과 소비의 주체로 적극 참여하는 '에너지 프로슈머' 시대를 가속화할 것이다. 소수의 대형 사업자가 아닌 다수의 개인과 지역 공동체가 분산화한 에너지의 생산과 소비를 결정하는 '에너지 민주주의'를 실현하는 데 기여할 수 있다.

에이전틱 AI가 제공하는 맞춤형 에너지 관리 서비스와 최적화된 분산 자원 운영 지원은 더 많은 사람들이 에너지 시장에 참여하고, 그 혜택을 공평하게 누릴 수 있는 기반을 마련해 줄 것이다.

미래 전력망을 향한 과제

미래 전력망의 성공이 단순히 에이전틱 AI와 같은 첨단 기술의 기술적 완성도에만 달려 있는 것이 아니다. AI 기술 자체의 발전과 함께, AI의 결정을 신뢰하고 수용할 수 있는 기술적 · 경제적 · 사회적 과제들을 해결해야 한다.

데이터 표준화와 상호 운용성 확보, AI 모델의 신뢰성과 설명 가능성 제고, 막대한 초기 투자 비용과 경제성 검증, 사이버 보안 및 데이터 프라이버시 보호, 그리고 새로운 기술에 대한 사회적 수용성 확보와 법·제도 정비 등이 필요하다. AI가 강력한 도구이지만, 결국 이를 활용하고 최종 결정을 내리는 주체는 사람이다. 지극히 보수적이고 안정적으로 운영되어야 하는 전력망의 특수성을 고려해 AI 기술의 활용과 함께 윤리적, 사회적 논의를 병행해야 한다. 이를 통해 지속 가능하고 모두에게 이로운 초지능형 전력망 시대를 맞이할 수 있다.

미래 전력망의 핵심 도구로서 에이전틱 AI가 펼쳐 나갈 혁신적인 변화를 기대한다.

참고문헌

최우성(2022). "Greed[grēd]? 아니 Grid[grid]". 303. 《KEPRI News》.

Choi, S. L., et al.(2024.5). eGridGPT: Trustworthy AI in the Control Room. NREL/TP-5D00-87440.

Choi, S. L., et al.(2024.11). Generative AI for Power Grid Operations. NREL/TP-5D00-91176.

Daniel, C., et al.(2024). Advanced Research Directions on AI for Energy. https:/doi.org/10.2172/2340139

IEA(2024). Energy and AI. IEA, Paris. https:/iea.org/reports/energy-and-ai

Rajaperumal, T. A. & Columbus, C. C.(2025). Transforming the electrical grid: the role of AI in advancing smart, sustainable, and secure energy systems. *Energy Informatics, 8*, 51.

02
발전소 수명을 평가하는 AI

고온 고압의 환경에서 운전되는 발전소 설비들은 주기적으로 재질의 손상 정도를 분석해서 수명을 평가한다. 기존에는 전문가가 주관적으로 판단했지만, AI 기술을 이용해서 객관적이고 정확하게 수명을 평가할 수 있으며 비용과 시간도 줄일 수 있다.

AI와 MBTI?

발전소의 수명 평가

우리가 매일 편하게 사용하는 전기는 대부분 발전소에서 다양한 에너지원을 이용해 생산한다. 석탄이나 천연가스를 태우는 화력 발전소나, 원자력 발전소의 핵심 설비들은 뜨거운 열과 높은 압력을 오랫동안 견뎌야 한다. 시간이 지남에 따라 설비가 노화되고 수명이 감소하게 되는데 대표적으로 재료의 강도가 저하되는 열화(劣化) 현상을 겪게 된다. 재료 열화는 설비의 효율성을 떨어뜨리고, 심각한 경우에는 안전사고의 원인이 되기도 한다. 발전소를 안정적으로 운영하기 위해 사람이 건강검진을 하는 것처럼 주기적인 검사나 분석으로 정확한 수명을 평가하는 것이 중요하다. 발전소의 수명 평가는 발전소가 언제까지 안전하고 효율적으로 전기를 만들 수 있을지를 판단하는 것으로 재료의 열화 상태를 정확하게 평가하는 것이 필수다.

현재까지 발전소 설비의 열화 상태를 진단하는 중요한 방법 중 하나로 금속조직분석법(Replica test)이 활용되어 왔다. 마치 박물관에서 화석의 본을 뜨는 것처럼, 검사하고 싶은 설비 표면의 미세한 조직 상태를 특수한 필름으로 복제하는 기술이다. 이 방법은 설비를 직접 파괴하지 않고 검사할 수 있다는 큰 장점으로 발전소 현장에서 많이 사용되고 있다. 이렇게 얻어진 레플리카 필름(Replica film)을 실험실로 가져와 고배율 현미경으로 관찰한다. 재료 표면에 발생한 미세한 균열이나 조직의 변화 등을 전문가가 눈으로 확인한다. 합금 소재의 재료가 오랫동안 높은 온도에 노출되면 내부 입자가 커지거나 변형되는 '열화' 현상이 나타나고, 더 심해지면 미세한 구멍(기공)이나 균열이 생기기도 한다. 이러한 정보는 설비가 앞으로 얼마나 더 안전하게 사용될 수 있는지, 즉 '수명 평가'에 중요한 단서가 된다.

하지만 이 전통 방식은 몇 가지 한계점을 가지고 있다. 최종 평가가 숙련된 전문가의 육안 관찰과 경험에 의존하는 경우가 많아, 때로는 상황에 따라 판단이 조금씩 달라질 수 있고 아주 미세한 초기 손상을 놓칠 수도 있다. 분석 과정 자체도 상당한 시간과 노력이 필요하다. 이러한 검사 방법들은 미국기계학회(ASME, American Society of Mechanical Engineers)의 비파괴검사 기준(ASME Section V)이나 현장 금속조직 복제 및 평가 표준(ASTM E1351)과 같은 공인된 절차를 따르지만, 항상 더 정확하고 효율적인 방법에 대한 요구가 있다.

AI 기반 재료 열화 평가

머신러닝과 딥러닝으로 대표되는 AI 기술은 기존의 평가 방법이 가진 한계를 극복하고, 재료 열화 평가를 한 차원 더 발전시키고 있다. AI는 마치 수많은 의료 영상을 학습한 영상의학과 전문의처럼, 방대한 양의 재료 이미지 데이터로 스스로 손상 패턴을 익히고, 사람의 눈으로는 구별하기 어려운 미세한 변화까지도 객관적이고 신속하게 감지해 낼 수 있다.

이미지와 같은 시각 정보를 분석하는 데 특화된 합성곱 신경망(CNN, Convolutional Neural Network) 모델은 이미지 내의 복잡한 패턴을 효과적으로 학습하고 인식하는 능력이 뛰어나다. 이는 재료 열화 이미지 분석에 매우 유용하게 활용된다(Choi et al., 2019). 신경망 모델은 학습 데이터로 열화된 재료 이미지에서 나타나는 특징적인 시각적 패턴을 스스로 학습하고, 이를 기반으로 새로운 이미지의 열화 여부와 종류, 심각도 등을 자동으로 판단하고 분류한다.

신경망 모델이 재료 열화를 정확하게 감지하고 진단하기 위해서는 먼저 충분하고 다양한 학습 데이터가 필요하다. 연구자들은 범죄 현장에서 지문을 채취하듯, 설비 표면의 상태를 정밀하게 복제해서 이미지 데이터를 수집한다. 검사할 분위의 표면을 매끄럽게 만들고 셀룰로오스 아세테이트 테이프와 같은 특수 플라스틱 필름으로 설비 표면의 본을 뜨게 되는데 이것이 바로 설비 표면의 '미세 지문'인 레플리카가 된다.

추출된 레플리카는 주로 광학현미경이나 주사전자현미경(SEM)을 사용해 고해상도 디지털 이미지로 촬영된다. 이때 이미지의 배율, 해상도, 조명 조건 등은 이미지 품질과 AI 분석 효율에 큰 영향을 미치므로, 일관성 있는 데이터셋 구축과 효과적인 모델 학습 및 비교를 위해 이러한 변수들을 표준화하는 것이 매우 중요하다.

일반적으로 재질 열화 평가는 손상이 없는 상태부터 손상이 심한 상태까지 5단계인 A~E등급으로 구분해 이루어진다. 동일한 소재에 대해 해당 등급별로 재료 열화가 발생한 미세 현미경 이미지 데이터를 수집하고, 정상적인 재료의 이미지 데이터와 함께 신경망 모델에 입력해 학습을 진행한다. 이 과정에서 신경망 모델은 입력된 이미지 데이터의 픽셀 값, 질감, 형태 등 다양한 시각적 특징들을 분석하고, 열화된 재료 이미지에서 공통적으로 나타나는 특징적인 패턴들을 스스로 학습한다. 신경망 모델의 학습이 끝나면 새로운 레플리카 이미지에 대해 얼마나 잘 작동하는지 편향 없이 평가할 수 있는지를 확인하는 검증 과정을 거쳐야 한다. 열화 등급을 분류하는 작업은 평가 결과의 정확도, 정밀도, 재현율 등이 평가 지표로 사용된다.

충분한 학습과 검증 과정을 거친 신경망 모델은 새로운 미세 현미경 이미지가 입력되면, 이전에 학습한 열화 특징 패턴들을 기반으로 해당 재료의 열화 정도를 판단한다. 그리고 새로운 데이터가 축적됨에 따라 모델은 계속 업데이트되고 성능이 개선될 수 있다. 이는 숙련된 전문가가 새로운 설비의 이미지를 보고 과거의 경험을 바탕으로 열화 상태를 진단하는 것과 유사한 과정이다.

한편 머신러닝 알고리즘인 SVM(Support Vector Machine) 및 오픈소스 어코드넷(Accord.Net)을 이용한 재질 열화 평가 기법은 오프라인 현장에서 쉽게 활용할 수 있다. CNN을 이용한 딥러닝 기반 재질 열화 평가 기법은 클라우드 서버와 연계해 평가, 분석이 가능하고 지속적으로 통합된 결과들로 향후 열화 추이까지 예측할 수 있다(Choi et al., 2019).

AI 진단 기술의 효과 및 발전 방향

AI 기술은 발전소에서 사용되는 고온 재료의 열화 평가 분야에 혁신적인 변화를 가져오고 있다. 머신러닝이나 딥러닝 기반의 재료 열화 진단 기술은 기존 전문가의 주관적 판단에 의존하는 방식과 달리, 학습된 데이터를 기반으로 객관적이고 일관된 결과를 제공한다. 동일한 열화 상태의 이미지에 대해 항상 일관성 있는 진단 결과를 제시하기 때문에, 진단 결과의 신뢰성을 높이고 오류 발생 가능성을 줄일 수 있다. 이는 산업 현장에서 보다 빠르고 정확한 의사 결정을 내리고 효율적인 유지보수 계획을 수립하는 데 도움을 준다. 발전소와 같이 운전 및 유지관리에서 안정성이 중요한 설비의 경우, 객관적이고 신뢰성 높은 진단은 예측하지 못한 사고 예방에 핵심 역할을 할 수 있다.

AI를 활용한 진단 및 평가 기술을 발전소 현장에 성공적으로 확대 적용하기 위해서는 양질의 학습 데이터 확보, 모델의 해석 가능성 확보, 다양한 현장 환경에 대한 적응성 강화, 실시간 처리 및 시스템 통합 등의 과제들을 해결해야 한다. 하지만 학습 데이터를 변형하거나 새로운 데이터를 합성해 학습 데이터의 양과 다양성을 늘리는 데이터 증강(Data Augmentation) 기술이나 현장에서의 활용성과 편의성이 향상된 저가형 사물인터넷(IoT) 기술 등으로 여러 한계들을 극복할 수 있다.

향후 AI 기반의 재료 열화 감지 및 진단 기술은 발전소

뿐만 아니라 고온 환경에서 운영되는 다양한 산업 현장의 안전 관리 및 유지보수 분야에서 핵심 역할을 수행할 것이다. 특히 발전소는 고온, 고압 환경에서 작동하는 부품들의 안전한 운영이 사회 전체의 안전과 직결되어 있다. 결과적으로 발전소를 포함한 다양한 전력 설비를 대상으로 한 AI 기반 진단 기술은 단순한 운영의 안정성과 효율성 향상을 넘어 국가의 에너지 안보를 지키는 데 기여할 것이다.

참고문헌

최우성 외(2020). 머신러닝 기반 고온 부품 열화 평가 프로그램 개발. 《대한기계학회 논문집 A》, 44(1), 57~62쪽.

Choi, W., et al.(2019). A Neural Network Model for Material Degradation Detection and Diagnosis Using Microscopic Images. *IEEE Access, 7*, pp.92151~92160.

Neubauer, B. & Wedel, U.(1983). Restlife estimation of creeping components by means of replicas. *Proceeding of ASME International Conference on Advance in Life Prediction Methods.*

Webster, G. A. & Ainsworth, R. A.(1994). *High Temperature Component Life Assessment.* Springer.

03
발전소 성능을 예측하는 AI

AI는 발전소에서 실시간 측정되는 센서 데이터를 분석해서 성능을 진단하고 예측한다. 석탄을 연료로 하는 석탄화력 발전소나 LNG를 연료로 하는 가스복합 발전소의 효율 향상 및 탄소 배출 감소에도 기여한다.

AI와 난임 극복?

발전소의 효율과 성능

전 세계적으로 탄소 배출 감축 노력이 강화되고 있다. 특히 석탄이나 LNG와 같은 화석연료를 사용하는 발전소는 대표적인 탄소 배출원 중 하나로 지목된다. 연료를 태워 에너지를 얻는 과정에서 이산화탄소(CO_2)가 필연적으로 발생하기 때문이다. 발전소 성능을 높이고 운영의 효율성을 높여 연료 사용 자체를 줄이는 것은 탄소 배출을 감축하는 가장 직접적이고 효과적인 방법 중 하나다. 또한 미래의 전력 수요나 연료 가격 변동을 예측해 발전 계획을 최적화하고, 연료를 더 저렴하게 구매하는 등 전기 요금 안정에도 기여할 수 있다.

발전소의 효율(Efficiency)은 연료가 가진 에너지를 얼마나 전기로 바꾸는지를 나타낸다. 보통은 열에너지를 사용하기 때문에 열효율(Thermal efficiency)로 나타낸다. 예를 들어 열효율이 40%라면 연료가 가진 열에너지의 40%가 전기로 바뀌고 나머지 60%는 열 등의 형태로 손실된다는 의미다. 열효율이 높을수록 같은 양의 연료로 더 많은 전기를 생산할 수 있으니 연료비도 아끼고, 연료 사용량이 줄어들게 되니 환경오염 물질 배출도 감소하게 된다.

발전소에서 성능(Performance)이란 발전소가 얼마나 효율적이고 안정적으로 전기를 잘 만들어 내는지를 의미한다. 발전소가 최대로 생산할 수 있는 전기의 양, 즉 최대 출력을 의미하며 성능이 좋다는 것은 한 번에 많은 양의 전기를 만들어 낼 수 있다는 뜻이다. 효율이 높으면 동일한 양의 연료로 더 많은 전기를 생산할 수 있으므로, 이는 발전소의 전반적인 성능을 좋게 만든다. 물론 특정 상황에서는 최대 출력(최고 성능)을 내기 위해 연료 소모율이 다소 높아지는 것(열효율이 낮아지는 것)을 감수하기도 한다.

한여름과 같이 전력 수요가 급증하면 발전소는 효율보다는 최대 공급 능력(성능)을 우선할 수 있다. 결과적으로 발전소가 안정적으로 전기를 공급하고 최대한의 효율을 내기 위해 꾸준한 성능 관리가 필수다. 발전소는 수많은 설비가 유기적으로 얽혀 돌아가는 복잡하고 거대한 시스템이라 최적의 성능을 유지하기가 매우 어렵다. 미세한 온도 변화, 압력 변동, 연료 품질의 차이 등 수많은 변수가 효율에 영향을 미치기 때문이다.

과거의 발전소 성능 관리는 주로 정해진 규칙과 전문가의 경험, 그리고 기본적인 공학적 계산에 의존했다. 발전소 곳곳에 설치된 센서(온도, 압력, 진동, 유량 등)로 현재 상태 값을 실시간으로 확인한다. 숙련된 엔지니어나 운영자는 센서 데이터와 현장 설비 상태를 직접 살펴보고, 과거의 경험과 공학적 지식을 바탕으로 문제를 진단하거나 앞으로의 상태를 예측한다. 이때 미리 설정된 정상 운영 범위나 통계적 기준치를 벗어나는지 감시한다. 발전소 설비의 작동 원리를 설명하는 수학적, 물리적 모델을 만들어 시뮬레이션하고 성능을 예측하기도 한다.

이러한 방식들은 각각의 장점에도 불구하고 몇 가지 공통적인 제약이 있다. 첫째, 발전소에서 쏟아져 나오는 엄청난 양의 데이터 속에 숨겨진 의미 있는 정보를 제대로 활용하기 어렵다. 둘째, 설비의 상태 변화나 예상치 못한 문제에 실시간으로 민첩하게 대응하는 데 한계가 있다. 셋째, 제작사가 제시한 운전 가이드라인이나 과거 경험에 의존하다 보니, 잠재적인 최고 효율까지 발전소를 운영하기보다는 안정적인 범위 내에서만 운영하게 된다. 이러한 제약들은 에너지 효율의 저하, 운영 비용의 증가, 안정적인 전력 공급에 영향을 준다.

AI로 가능한 발전소 효율과 성능의 최적화

발전소에서는 온도, 압력, 유량, 진동, 가스 농도 등 최소 수천 개에서 많게는 수십만 개 이상의 센서 데이터가 실시간으로 수집된다. 이러한 센서 데이터는 중요도나 순간적으로 변하는 데이터의 특성에 따라 수집 주기가 다양하다. 매우 짧게는 1초 미만의 주기부터 수 분, 수 시간 단위로 수집되는 데이터가 있다. AI는 실시간으로 쏟아지는 대규모 데이터를 스스로 학습해 숨겨진 패턴을 찾아내고, 이를 통해 더욱 정확한 성능 진단과 예측을 가능하게 한다.

발전소의 다양한 변수들(연료 투입량, 공기 주입량, 증기 온도 및 압력 등)을 종합적으로 고려해 발전 효율을 극대화하고 연료 소비는 최소화하는 최적의 운전 조건을 찾아낸다. 발전소의 효율이 1%만 향상되어도 막대한 양의 연료를 절감하고 발전 비용을 크게 줄일 수 있다. AI는 발전소의 각 설비가 최적의 조건에서 운전되도록 실시간으로 제어하고, 연료 소비를 최소화하며 발전 효율을 극대화한다. 또한 설비의 성능 저하 추세를 미리 예측해 최적의 시점에 유지보수를 계획함으로써 불필요한 비용의 발생을 막고 설비의 수명을 연장하는 데도 기여한다.

화력 발전소에서는 연료를 얼마나 효율적으로 태워 전기로 전환하느냐가 중요하다. AI는 석탄화력 발전소 보일러나 가스복합 발전소의 가스 터빈에서 연소를 최적화하는 데 핵심 역할을 한다. 보일러나 가스 터빈 내부의 온도, 압력, 연료 및 공기 주입량 등 수많은 변수를 실시간으로 분석하고 연료의 품질, 현재 발전량 요구 등의 조건에 맞춰 최적의 연소 상태를 찾아낸다. 질소산화물(NO_x)이나 황산화물(SO_x)과 같은 대기오염 물질 발생을 줄이는 데에도 기여한다. 또한 배기가스 분석 데이터를 학습해 탄소 포집 설비(CCS, Carbon Capture System)의 운영 효율을 높이는 등 탄소 배출 감축에도 직접적인 도움을 줄 수 있다.

한편 증기 터빈은 화력 발전소의 핵심 설비로, 그 효율이 전체 발전 효율에 큰 영향을 미친다. AI는 증기 터빈의 입출력 증기 온도, 압력, 진동 및 회전 속도 등의 데이터를 분석해 증기 터빈 성능 저하를 사전에 예측한다. 운전 조건을 최적화해 효율 감소를 최소화하며 안정적인 출력을 유지하도록 돕는다. 최신 머신러닝 및 딥러닝 모델은 복잡한 증기 터빈 운전 데이터로부터 미세한 성능 변화 패턴을 학습해 정확한 예측을 가능하게 한다.

발전소 운영의 패러다임 변화

AI는 이미 발전소의 성능을 예측하고 운영을 최적화하는 데 핵심 역할을 수행하고 있다. 앞으로 AI 기술이 더욱 발전함에 따라 그 역할과 중요성은 더욱 커질 것으로 예상된다. AI 알고리즘의 발전으로 더 많은 양질의 데이터가 실시간으로 학습에 활용되면서 발전 시스템의 출력이나 효율 예측 정확도는 더욱 높아질 것이다. 이는 발전 계획의 불확실성을 줄이고, 실시간으로 발전소 운영 조건을 최적화해 에너지 효율을 극한의 수준까지 끌어올리는 데 도움을 준다.

AI는 방대한 데이터를 분석해 복잡한 패턴과 상관관계를 찾아내기 때문에 발전소 운영자들은 데이터에 기반을 둔 객관적이고 정교한 의사 결정을 내릴 수 있다. 이를 통해 발전소 운영의 효율성과 안전성을 한 단계 더 끌어올리게 될 것이다. 한편 현실의 발전소를 가상공간에 똑같이 복제한 '디지털 트윈'과 AI가 결합하고 있다. AI가 분석한 내용을 디지털 트윈에 적용해 다양한 시나리오를 시뮬레이션하고, 최적의 운전을 위한 상황을 더 정확하게 예측하거나 문제 해결책을 찾게 될 것이다.

AI를 발전소에 성공적으로 도입하고 활용하기 위해서는 몇 가지 과제가 남아 있다. 우선 고품질의 데이터를 지속적으로 확보하고 관리하는 것이 중요하다. AI는 데이터의 품질에 따라 성능이 크게 좌우되기 때문이다. 또한 AI 시스템 구축 및 운영에 필요한 초기 투자 비용과 전문 인력 확보도 고려해야 한다.

발전소가 주요 보안 시설이기 때문에 발전소 데이터와 관련한 사이버 보안 위협에 대한 철저한 대비도 필수다. 하지만 이러한 과제들에도 불구하고, 발전 분야에서 AI의 활용은 더욱 확대될 것이다. AI 기술이 계속 발전하고 있으며 발전소의 효율 향상, 탄소 배출 감소, 운영 안정성 강화라는 확실한 이점을 제공하기 때문이다.

앞으로 AI는 개별 발전소의 성능 최적화를 넘어, 여러 발전소와 전력망 전체를 아우르는 광역 에너지 시스템의 효율적인 운영에도 기여할 것으로 기대된다.

AI는 발전소 운영 패러다임을 바꾸는 핵심 기술로 자리매김하고 있다. 센서 데이터를 기반으로 한 AI의 정밀한 진단과 예측은 발전소의 열효율을 높이고 탄소 배출을 줄이는 데 실질적인 해법을 제시한다. 미래의 발전소는 AI로 스스로 학습하고, 예측하며, 최적의 운영 방법을 찾아 실행하는 진정한 지능형 발전소(Intelligent Power Plant)로 진화할 것이다. 이는 단순히 경제적 이익을 넘어, 기후 변화에 대응하고 지속 가능한 에너지 시스템을 구축하는 데 중요한 발걸음이 될 것이다.

AI 기술의 발전과 함께 더욱 스마트하고 친환경적인 미래 발전소의 모습을 기대해 본다.

참고문헌

IEA(2024). CO_2 Emissions in 2023, IEA, Paris https:/iea.org/reports/co2-emissions-in-2023

Malik, M. A. I., et al.(2025). Enhancing peak performance forecasting in steam power plants through innovative AI-driven exergy-energy analysis. *Energy Conversion and Management: X, 26*, 101025.

Perullo, C., et al.(2022). Using Engineering Enhanced AI to Forecast Combined Cycle Power Plant Performance in the Presence of Uncertain Weather Conditions. *Proceedings of ASME Turbo Expo 2022*, GT2021-82718.

04
가스 터빈 이상을 예측하는 AI

발전소의 갑작스러운 고장은 안전, 경제, 환경 측면에서 광범위한 영향을 미친다. AI는 대표적 발전 시스템인 가스 터빈에서 측정되는 다양한 데이터를 분석하고 실제 이상이 발생하기 전에 미리 알려 준다.

AI와 사주?

산업 시스템 고장을 진단하고 예지한다

산업 현장의 설비들은 수많은 부품들이 복잡하게 구성된 시스템으로 한 부품의 예기치 못한 고장은 시스템 전체의 성능 저하에 그치지 않고 심각한 인적, 물적, 사회적 손실을 초래한다.

최근 들어 센서를 이용해 산업 설비의 상태를 모니터링해서 고장을 진단하고 수명을 예측하는 시스템 고장 진단 및 예지 기술(PHM, Prognostic and Health Management)이 모든 산업 분야에서 활발하게 적용되고 있다. PHM 기술은 데이터 취득(Sensing), 특징인자 추출 및 추론(Reasoning), 고장 진단(Diagnostics), 수명 예측(Prognostics) 등으로 구분할 수 있다.

특정 시스템에 PHM 기술을 효과적으로 적용하기 위해서는 시스템에 대한 물리적 지식, 다차원 특징인자 분석, 수많은 고장 데이터가 요구된다. 이에 따라 기존에 다룰 수 없었던 수많은 데이터 수집 및 분석이 가능해지고 전통적 전문가가 진단하고 예측했던 영역을 인공지능이 보완하는 AI 기반 PHM 기술이 사용되고 있다.

AI로 가스 터빈의 이상 상태를 예측하다

가스 터빈은 현대 사회의 전력 생산에 핵심적인 역할을

수행하는 발전 시스템이다. 높은 효율로 급격한 전력 수요의 변화에 신속하게 대응할 수 있고, 상대적으로 환경오염 물질의 배출이 적기 때문이다. 에너지 안보 측면에서 중요도가 더욱 높아지고 있는 가스 터빈은 작동 과정에서 다양한 종류의 데이터를 생성한다.

가스 터빈의 현재 상태를 실시간으로 측정하는 센서 데이터로는 온도, 압력, 진동, 회전 속도, 연료 유량 등이 있다. 또한 운전 시간, 정지 횟수, 부하 변동 등의 운전 기록 데이터와 과거 정비 내역, 부품 교체 기록, 고장 수리 기록 등의 정비 이력 데이터도 중요한 정보로 활용된다. 가스 터빈은 복잡한 시스템이기 때문에 다양한 센서와 기록으로 방대한 양의 데이터가 지속적으로 생성되며, 이 데이터는 가스 터빈의 건강 상태를 종합적으로 파악하는 데 필수 요소가 된다(Tahan et al., 2017).

가스 터빈의 안정적인 운전과 운영을 위해서 가스 터빈의 핵심 부품인 연소기, 블레이드나 베인과 같은 고온 부품에 대해 상태를 진단하거나 예측하는 것이 필요하다(Choi et al., 2015). 연료 공급이 불균형하거나 연소가 불안정해지면 연료 노즐 손상, 라이너 균열, 천이요소(Transition Piece) 손상, 과도한 진동과 같은 연소기의 이상 상태가 발생할 수 있다. 이상 상태를 사전에 감지하지 못하면 연소기가 파손되거나 예상치 못한 고장으로 불시 정지가 되고 고온부품의 급격한 수명 저하를 막을 수 없다. 질소산화물(NO_x) 및 이산화탄소(CO_2)와 같은 환경오염 물질의 배출도 증가하게 된다.

기존에 사용되는 가스 터빈 PHM 기술은 진동데이터를 활용해 신호처리를 하고 진단 전문가의 분석으로 이상을 판단하는 것이다(Lifson et al., 1989). 반면에 AI 기반 PHM 기술은 가스 터빈의 통합 운전 데이터를 활용하고 딥러닝 기술을 이용해 불시 정지와 관련한 이상을 진단하고 예측한다. 가스 터빈의 실시간 감시, 진단, 제어를 위해 설치된 수많은 센서들이 온도, 압력, 진동 신호 등 다양한 데이터들을 초당 4000개 이상 취득한다.

발전소에서 취득한 데이터는 불필요한 정보까지 포함한 대용량 빅 데이터이기 때문에 AI 기반 PHM에 사용하기 위해서는 유의미한 데이터들만 선별하는 과정이 선행되어야 한다. 먼저 가스 터빈을 사용하는 복합 화력 발전소 운전 정보 시스템에서 가스 터빈과 직접적으로 관련되어 있는 1000개 내외의 핵심 센서 데이터들을 구분한다.

가스 터빈 전문가의 지식과 주요 운전 데이터 간의 상관관계 분석으로 이상 진단에 사용할 데이터의 종류를

200개 내외로 축소한다. 이후 실시간 데이터베이스와 연계한 시스템으로 발전소에서 측정하는 데이터 중에서 분석에 필요한 데이터들만 선별해 일정 시간 동안 취득하고 분석한다.

오류 데이터 제거 등의 데이터 선별 과정을 거친 후 실제 발전소의 정지 이력을 기반으로 불시 정지와 상관도가 높은 이상(Abnormal) 데이터를 추출한다. 이상 운전에 대한 예측 진단을 위해 불시 정지가 일어나기 전 특정 시간을 기준으로 정상 운전 영역과 불시 정지 영역으로 데이터를 구분한다. 딥러닝 모델 개발을 위해 불시 정지 시점의 데이터와 정상 상태에서의 데이터를 사용하고 일반적으로 전체 비율 중 90%는 학습, 10%는 테스트에 활용한다.

최근 국내 발전소 현장에 적용되고 있는 가스 터빈 AI PHM에서는 딥러닝 기법 중 시계열 데이터 분석에 특화된 순환 신경망(RNN, Recurrent Neural Networks)을 사용하지 않는다.

이미지 또는 영상처리기법에 특화된 합성곱 신경망(CNN, Convolution Neural Network)을 사용해서 가스 터빈 운전 시 이상 상태를 진단하고 실제 이상이 발생하기 이전에 이상 상태를 예측한다(최우성, 2020).

CNN 기법을 이용한 딥러닝 모델 구성은 학습할 데이터 형식을 고려해 모델 구조를 생성한 후 데이터 형식에 알맞은 필터를 구성한다. 마지막으로 분석할 데이터에 대한 가중치의 비율을 정해서 최종 CNN 모델을 구성한다.

CNN 모델을 구성한 이후에는 훈련에 사용하지 않은 테스트 데이터를 사용해서 불시 정지가 되는 특정 시간 이전에 이상 징후를 확률로 잘 나타내는지를 판별하고 검증한다. CNN 모델을 업데이트하는 과정에서 학습으로 저장된 변수들을 불러오는 작업을 수행하고 학습된 모델의 파라미터를 필요할 때 다시 가져와서 쓸 수 있도록 별도로 저장한다.

AI PHM에서는 이상 진단이라 정의된 문제에 대한 답은 명확하게 제시할 수 있다. 하지만 가스 터빈 운전과 관련된 주요 인자들이 분석 결과에 얼마만큼 기여하는지, 어떤 방식으로 분석되는지 알기 어렵다. 마찬가지로 관심 영역이 주요 인자들을 모두 포함하는 기존의 CNN 필터 구성 방식을 적용한다면 서로 다른 물리적인 의미를 가지는 인자들의 기여도를 분석할 수 없다.

이에 대한 대안으로 가스 터빈 위치별로 주요 인자들의 물리적인 의미를 분석하고 사전에 클러스터링

(Clustering)해 각각의 군집화한 채널들에 대해 서로 다른 필터로 분석할 수 있도록 구성할 수 있다.

여전히 데이터가 중요하다

이미 알려진 바와 같이 AI 기술개발의 핵심 요소는 양질의 충분한 데이터 확보다. 가스 터빈에 대한 이상을 진단하고 나아가 이상 상태를 예측하기 위해 유사 시스템에 대한 이상 또는 고장 데이터가 충분해야 한다. 하지만 동일한 시스템에서 많은 데이터를 취득하는 것이 현실적으로 쉽지 않다.

따라서 AI 알고리즘의 지속적인 업데이트를 위해 시스템 수준의 유지관리 차원에서 의미 있는 데이터를 선별해서 저장하고 분석해야 한다.

한편 실제 발전소 현장에서는 이상이 발생하기 이전에 정밀하게 검사하거나 정비 계획을 미리 수립할 수 있도록 고장의 원인을 미리 규명하는 것이 필요하다. 해석 가능한 AI 기술(XAI, Explainable AI)이 개발되고 있지만 일부 제한적인 문제에서만 좋은 결과를 보이고 있다.

그러나 이 방법 역시 다양하고 많은 정상 상태와 이상 상태 데이터가 필요하기 때문에 운전 및 정비 상황에 따른 데이터 확보 및 새로운 알고리즘의 활용이 필요하다.

AI PHM, AI 예측 유지 보수

아직까지 한계가 있지만 AI PHM은 설비의 이상을 판별하는 인자에 대한 자동 분류 및 다양한 데이터의 통합 분석이 가능하다는 확실한 장점이 있기 때문에 이전에는 불가능했던 진단 및 예측이 가능하다.

특히 AI를 이용한 가스 터빈 예측 유지보수 기술은 더욱 정교한 센서 기술, 강력한 AI 알고리즘, 실시간 데이터 분석 능력 등의 발전으로 예측 정확도가 더욱 향상될 것이다. 나아가 AI 예측 유지보수는 설비 수명을 연장하고 발전소 운영 효율성 극대화에 기여할 것이다.

AI는 실시간 데이터를 분석해 가스 터빈의 운전 조건을 최적화하고 효율을 향상한다. 예기치 않은 고장을 줄여 발전소의 가동 시간을 늘리고 설비 이용률을 높인다. 또한 잠재적인 문제를 조기에 진단하고 적절한 조치를 해 가스 터빈과 핵심 부품의 수명을 연장할 수 있다.

환경 측면에서도 AI 예측 유지보수는 긍정적인 영향을 미친다. AI는 연료 연소 과정을 최적화해 질소산화물(NO_x), 황산화물(SO_x), 미세먼지 등 대기오염 물질 배출량을 줄이는 데 기여한다.

또 발전 효율 향상으로 단위 전력 생산량당 온실가스 배출량을 줄이고, 설비 고장의 사전 방지로 불필요한 에너지 소비를 막고 간접적으로 온실가스 배출량 감소에도 기여할 수 있다.

참고문헌

최우성(2020). "딥러닝 기반 가스터빈 이상 진단 및 예측 기술". 《소음 · 진동》, 30(6).

한국PHM학회. https://www.phm.or.kr/asso/greeting.php

Choi, W., et al.(2015). The TMF Life Assessment of First-stage W501F Turbine Blade Under Different Operating Temperatures. *Proceedings of ASME Turbo Expo 2015: Turbine Technical Conference and Exposition.*

Lifson, A., et al.(1989). Assessment of Gas Turbine Vibration Monitoring. *J. Eng. Gas Turbines Power, 111*(2), pp.257~263.

Tahan, M., et al.(2017). Performance-based health monitoring, diagnostics and prognostics for condition-based maintenance of gas turbines: A review. *Applied Energy, 198,* pp.122~144.

05
전력 수요를 예측하는 AI

일반 대중이 쉽게 사용할 수 있는 공공 데이터 플랫폼으로 제공되는 전력 데이터, 기상 데이터 등을 활용해 전력 수요를 예측할 수 있다. 현재 시계열 데이터 분석에 가장 많이 사용되고 있는 AI 알고리즘을 소개한다. 전력 수요 예측이 중요한 제주도의 사례로 공공 데이터와 AI 기술을 이용한 전력 수요 예측 방법을 알아본다.

AI와 아이돌?

삶을 지탱하는 전기, 예측이 중요하다

우리가 매일 사용하는 전기는 발전소에서 생산되고 바로 소비되는 특성이 있다. 많은 양의 전기를 저장하는 것이 쉽지 않기 때문에, 필요한 양만큼 안정적으로 생산하고 공급하는 것이 중요하다.

전력 수요를 실제보다 너무 낮게 예측하면 전력 공급이 부족해서 대규모 정전 사태가 발생할 수 있다. 반대로 너무 높게 예측하면 쓰이지도 않을 전기를 생산하느라 불필요한 비용이 발생하고 전력 시장에서 가격이 상승할 수 있다. 따라서 전력 수요를 정확히 예측하는 것은 국가 경제와 국민 생활 안정에 직접적인 영향을 미치는 중요한 일이다. 또한 전력 수요의 정확한 예측은 발전 설비에 대한 투자 규모를 적절히 결정하고, 전력망을 효율적으로 운영하며, 국가 차원에서 에너지 비용을 최적화하는 데 도움을 준다.

대한민국의 아름다운 섬 제주는 전력 수요 예측과 관련해서 주목받는 지역이다. 그 이유는 제주도의 독특한 에너지 환경 때문이다.

첫째, 제주도는 대한민국에서 신재생에너지 발전 비중이 매우 높은 지역이다. 2023년 기준으로 제주도 전체 발전 설비 용량의 64%를 신재생에너지가 차지하고 있다. 태양광이나 풍력과 같은 신재생에너지는 날씨에 따라 발전량이 크게 변동하는 특성이 있어 전력 공급의 불안정성을 높인다. 이러한 변동성을 관리하고 안정적으로 전력을 공급하기 위해서 더욱 정교하고 정확하게 전력 수요를 예측해야 한다.

둘째, 제주도는 육지와 독립된 전력망을 가지고 있으며, 전력 시장의 가격을 결정하는 계통한계가격(SMP, System Marginal Price)도 육지와 별도로 산정된다. SMP는 발전에 참여하는 발전기들의 연료비를 고려해 결정되는 시장 가격으로, 이를 정확하게 예측하는 것은 전력 시장 안정화에 도움이 된다.

마지막으로 제주도는 한국을 대표하는 관광지로 많은 관광객이 방문한다. 관광객 수는 계절이나 특정 이벤트에 따라 크게 변동하며 이는 곧바로 전력 소비량의 변화로 이어진다. 따라서 제주도의 전력 수요를 예측할 때는 이러한 관광객 변동 요인까지 고려해야 한다. 이러한 복합적인 이유로 제주도의 전력 수요 및 SMP 예측은 중요한 연구 사례가 된다.

시간의 흐름 속 패턴을 읽는다.

미래의 전력 수요나 가격을 예측하는 것은 '시계열 예측

(Time series prediction)' 문제에 해당한다. 시계열 데이터란 일정 시간 간격으로 기록된 데이터를 의미한다. 하루 최고 기온, 주식 시장의 일일 종가, 시간별 전력 사용량 등이 모두 시계열 데이터다.

과거에는 통계적 방법이나 전통적인 기계학습 방법으로 시계열 데이터를 분석하고 예측했다. 최근에 데이터의 양이 방대해졌음에도 상대적으로 정확하고 저렴한 계산 비용으로 우수한 성능을 보여 주는 딥러닝 기술이 시계열 예측 분야에서 활발히 활용되고 있다.

특히 1차원 데이터를 다루는 데 효과적인 1차원 합성곱 신경망(1D-CNN, One-Dimensional Convolutional Neural Network)과 시간의 순서와 장기적인 의존성을 잘 파악하는 양방향 장기 단기 메모리(Bi-LSTM, Bidirectional Long Short-Term Memory)라는 두 가지 딥러닝 모델을 결합한 방법이 시계열 데이터를 예측하는데 효과적이다(Le et al., 2019).

CNN은 원래 이미지 인식 같은 2차원 데이터 처리에 주로 사용되었지만, 이를 1차원 시계열 데이터의 특성에 맞게 변형한 것이 1D-CNN이다. 1D-CNN은 시간 순서대로 들어오는 데이터에서 중요한 패턴을 효과적으로 추출할 수 있으며, 2D-CNN에 비해 계산량이 적어 효율적이다. 여러 변수가 있는 시계열 데이터(다변량 시계열)에서 변수들 간의 상관관계를 분석할 때 유용하다.

LSTM은 순환 신경망(RNN, Recurrent Neural Network)의 한 종류다. Bi-LSTM은 여기서 한 걸음 더 나아가, 데이터를 순방향(과거에서 미래)뿐만 아니라 역방향(미래에서 과거)으로도 학습해 시간적 맥락을 더 깊이 이해한다. 이는 슈스터와 팔리왈의 양방향 순환 신경망(BRNN, Bidirectional Recurrent Neural Networks) 개념에서 비롯되었으며(Schuster & Paliwal, 1997), LSTM 셀을 사용해 기존 순환 신경망(RNN, Recurrent Neural Networks)의 장기 의존성 문제를 해결한다.

이 두 모델을 단순히 따로 사용하는 것이 아니라, 먼저 1D-CNN으로 시계열 데이터에서 핵심 특징을 추출한 뒤, 그 결과를 Bi-LSTM에 입력해 시간적 패턴을 학습하고 최종 예측을 수행하는 방식으로 결합한다. 이렇게 하면 각 모델의 장점이 극대화되어 더욱 정교한 예측이 가능해진다.

제주도의 전력 수요 예측하기

정확한 예측 모델을 만들려면 관련된 데이터를 최대한 많이 모아야 한다. 제주도 전력 수요나 SMP 예측을 위해

누구나 접근 가능한 공개 데이터를 사용할 수 있다. 과거의 전력 수요, SMP 데이터, 날씨 정보, 연료 가격, 공휴일 정보, 관광객 수와 같은 데이터를 수집한다.

수집한 원본 데이터는 바로 사용하기 어렵다. 빠진 값이 있거나, 형식이 다르거나, 불필요한 정보가 섞여 있을 수 있기 때문이다. 데이터 전처리 과정으로 데이터를 정제하고 딥러닝 모델이 이해하기 쉬운 형태로 변환한다. 다음으로 준비된 데이터를 이용해 1D-CNN과 BiLSTM이 결합된 딥러닝 모델을 학습시킨다.

시계열 데이터에서 충분히 검증된 모델이기 때문에 일반적인 딥러닝 모델의 학습, 훈련 및 검증 절차와 동일하게 수행하면서 최적의 하이퍼 파라미터(Hyper-parameter, 모델 학습에 영향을 주는 설정값)를 찾는다. 학습이 완료된 모델을 사용해 미래의 전력 수요와 SMP를 예측하고, 그 결과를 실제 값과 비교해 모델의 성능을 평가한다. 만족할 만한 성능이 나오면 이후 제주도의 전력 수요와 SMP를 예측하는 데 활용한다.

학습된 모델에 최근 데이터를 입력해 다음 날 값을 예측하고, 이 예측값을 다시 입력 데이터에 추가해 그 다음 날 값을 예측하는 방식을 순차적으로 진행한다(Kim et al., 2023).

일반적으로 딥러닝 모델의 성능을 평가할 때 평균절대오차(MAE, Mean Absolute Error), 평균제곱근오차(MSE, Mean Squared Error), 평균절대비율오차(MAPE, Mean Absolute Percentage Error)를 성능 평가 지표로 사용한다.

전력 수요를 예측하는 데 사용하는 데이터들은 단위별 크기나 중요도가 다르기 때문에 가중평균제곱근오차(WRMSE, Weighted Root Mean Squared Error)를 사용하는 것이 효과적이다. 여러 예측 대상의 중요도에 따라 가중치를 부여해 종합적인 성능을 평가할 수 있기 때문이다. 앞서 설명한 성능 지표들이 1보다 작으면 어제 값으로 오늘 값을 예측하는 단순 예측과 비교해서 성능이 더 좋다는 것을 의미한다.

더욱 쉽고 정확한 예측을 위해

1D-CNN과 BiLSTM을 결합한 딥러닝 모델을 사용해 제주도의 전력 수요와 SMP를 예측하는 과정을 실제 사례를 기반으로 설명했다. 에너지 산업뿐만 아니라 시계열 데이터 예측이 필요한 모든 분야에서 이 방법론을 응용할 수 있다는 점에서 의의가 있다. 물론 제시된 모델이 현존하는 최고의 모델은 아닐 수 있다.

시계열 예측 분야에서 딥러닝 기술은 끊임없이 발전하고 있으며, 앞으로 더욱 복잡하고 다양한 시계열 데이터에 대한 정확한 예측도 가능할 것이다. 그러나 전력 시장과 같이 안정성과 신뢰성이 매우 중요한 분야에서는, 예측 정확도를 조금 높이기 위해 모델을 지나치게 복잡하게 만들기보다는 상대적으로 보수적이더라도 안정적으로 사용할 수 있는 강건한 방법론의 활용이 중요하다.

AI를 이용해 전력 수요를 예측할 때에는 AI 기술이 단순히 '더 똑똑해지는 것'을 넘어, 실제 현장에서 '더 믿을 수 있고 유용하게' 쓰이는 방향으로 성숙해 가고 있음을 보여 줘야 한다.

참고문헌

Kim, J., et al.(2023). Tutorial on time series prediction using 1D-CNN and BiLSTM: A case example of peak electricity demand and system marginal price prediction. *Engineering Applications of Artificial Intelligence, 126*, 106817.

Le, T., et al.(2019). Improving electric energy consumption prediction using CNN and Bi-LSTM. *Applied Sciences (Switzerland), 9*(20), 4237.

Schuster, M. & Paliwal, K. K.(1997). Bidirectional recurrent neural networks. *IEEE Transaction on Signal Processing, 45*(11), pp.2673~2681.

06
재난 대응을 위한 AI

AI는 실시간 데이터 분석과 영상 인식으로 재난의 위험을 조기 감지하며, 재난의 효과적인 대응을 가능하게 한다. 인공위성과 CCTV에 탑재된 AI 알고리즘은 산불 · 홍수 등 재난 신호를 빠르게 탐지해 전력 설비의 대규모 피해를 예방한다.

AI와 야구?

전력망, 재난의 위협

전기가 없는 삶을 상상하기 어렵다. 아침에 눈을 떠 스마트폰을 확인하는 순간부터 잠드는 순간까지 우리 일상의 대부분은 전기에 의존하고 있다. 가정, 학교, 병원, 회사 등 사회의 모든 기능이 전기를 기반으로 움직인다.

전기는 생산과 동시에 멀리 떨어진 지점에서 사용될 수 있지만 많은 양을 장시간 저장하는 것은 매우 어렵다. 발전소에서 생산된 전력은 거의 실시간으로 송전 · 배전망을 거쳐 망이 연결된 모든 지점으로 표준화된 전류로 이송되고, 전력망은 발전소에서 시작해서 발전소로 끝나는 거대하고 복잡한 고리 모양을 이룬다. 전력망은 이처럼 중요한 전기를 공급하는 복잡하고 거대한 네트워크다. 사회 전체를 작동시키는 혈관과도 같다.

우리 삶에서 너무나 중요한 전력망은 다양한 재난의 위협에 항상 노출되어 있다. 태풍, 홍수, 지진, 폭설과 같은 자연재해는 물론, 산불 등으로 전력 시설이 손상될 수 있다. 또한 전력 설비 노후화나 예상치 못한 사고로 대규모 정전이 발생할 수 있다. 2011년부터 세계 일부 지역에서 발생한 정전을 분석해 보면 강풍이나 거센 폭풍과 같은 비정상적인 기상 조건이나 넘어진 나무 등이 정전을 발생시키는 주요 원인이며 일부 사례에서는 일부 시스템의 오작동으로 보호 기능이 작동해 정전이 발생한다(Alhelou et al., 2019).

정전이 발생하면 단순한 불편을 넘어 경제 활동이 마비되고, 병원과 같은 필수 시설의 기능이 중단되어 시민 안전에 심각한 위협이 될 수 있다. 특히 현대 사회는 모든 인프라가 긴밀하게 연결되어 있어, 전력 공급 중단은 통신 두절, 교통 시스템 마비 등 연쇄적인 피해로 이어진다. 최근 기후 변화로 인해 과거에는 상상하기 어려웠던 강력한 자연재해가 빈번해지면서, 기존의 재난 예측이나 대응 방식만으로는 한계가 있다.

복합적으로 발생하는 재난으로부터 전력망을 보호하고 재난 발생 시 신속하게 대응할 수 있는 혁신적인 기술이 더욱 필요하다. AI는 방대한 데이터를 분석하고 스스로 학습해, 과거에는 불가능했던 방식으로 전력망을 보호하고 재난에 효과적으로 대응하는 데 기여하고 있다.

재난을 예측한다

유엔(UN)을 중심으로 AI를 활용한 '모두를 위한 조기 경보(Early Warnings for All)' 이니셔티브가 전 세계적으로 확산되고 있다. AI를 통한 재난 예측 기술은 단순히 문제를 미리 아는 것을 넘어, 재난 대응의 패러다임을 바꾸고 있다. 과거에는 재난이 발생한 후 피해를 복구하는 '사후 대응'이 대부분이었다. AI는 '사전 예방'과 '피해 최소화'를 가능하게 한다.

AI는 재난이 발생하기 전에 위험을 예측하고 대비할 수 있도록 돕는다. 재난이 발생하면 피해 상황을 신속하고 정확하게 파악하고, 복구 작업을 최적화해 전력 공급을 빠르게 정상화한다. 자연재해로 발생하는 대규모 재난을 사전에 막는 것이 어렵기 때문에 재난 대응의 핵심은 '정확한 예측'과 '선제적 대비'다.

AI는 방대한 양의 데이터를 분석해 잠재적인 위험을 미리 감지하고 경고할 수 있다. 과거 전력 설비의 고장 기록, 실시간 센서 데이터, 기상 예보, 심지어 위성 이미지 등 다양한 정보를 종합적으로 분석하고 학습한다.

특정 지역에서 발생했던 과거의 정전 패턴과 현재의 설비 상태, 그리고 향후 폭염이나 태풍 예보를 분석해 중요도가 높은 전력 설비의 고장 확률이나 위험도를 예측한다. 이렇게 예측된 정보는 전력 회사가 사전에 해당 설비를 점검하거나 교체해서 대규모 정전을 예방하는 데 결정적인 도움을 준다. 산불 위험이 높은 지역에서는 송배전선로 주변의 나무나 풀의 상태를 AI가 위성 이미지나 드론 촬영 영상으로 분석하고, 열 감지 센서 등으로 발화 가능성을 감지해 사전에 위험 요소를 제거하거나 해당 구간의 전력을 차단하는 조치를 취할 수 있다.

현재 국내에서는 송전철탑에 설치된 CCTV 카메라와 환경 센서에서 수집된 데이터를 AI로 분석해 산불과 같은 자연재난에 선제적으로 대비하는 시스템이 운영되고 있다. 물론 AI의 예측 능력을 높이기 위해서는 양질의 데이터가 충분히 공급되어야 한다.

다양한 센서가 수집한 표준화된 실시간 데이터는 AI 예측 모델의 정확성을 높여 준다. 따라서 사물인터넷(IoT) 센서, 스마트 미터기, 첨단 계측 인프라(AMI) 등 데이터를 수집하고 관리하는 시스템 구축이 선행되어야 재난 대응을 위한 AI의 진정한 가치를 실현할 수 있다.

재난에 대응한다

안정적인 전력 공급을 위해서는 정확한 재난 예측 못지않게 신속한 복구가 중요하다. 재난이 일단 발생하면, 한정된 시간과 자원 속에서 가장 효과적인 대응책을 마련하는 것이 중요하다.

AI는 복잡한 재난 상황을 종합적으로 분석해 최적의 의사 결정을 지원하고, 신속한 정보 공유로 혼란을 최소화한다. 예를 들어 태풍이나 홍수로 길이 끊기거나, 산불로 접근이 어려운 지역의 피해 상황을 사람이 직접 확인하는 것은 매우 위험하고 시간이 오래 걸린다.

AI는 드론, 위성 등과 연계해 이러한 문제를 해결하고 있다. 고해상도 카메라나 열화상 카메라를 장착한 드론은 사람이 접근하기 힘든 재난 지역 상공을 비행하며 피해 상황을 촬영한다. AI는 이 영상 데이터를 실시간으로 분석해 쓰러진 전봇대, 끊어진 전선, 손상된 변압기 등을 즉시 찾아낸다. 위성 이미지는 넓은 지역의 피해 상황을 한눈에 파악하는 데 유용하기 때문에 AI 분석으로 건물 파손, 침수 지역 등을 신속하게 식별하고, 이를 바탕으로 복구 작업의 우선순위를 정할 수 있다.

전력망 곳곳에 설치된 IoT 센서와 스마트 계량기에서 수집되는 방대한 양의 실시간 데이터도 AI의 효과적 활용에 도움이 된다. AI는 이 데이터를 분석해 전력 공급이 끊긴 지점이나 이상 신호가 발생하는 설비를 정확히 찾아내서, 피해 범위를 추정하고 신속한 복구가 가능하게 한다. AI를 활용한 실시간 피해 감지 및 분석은 기존 방식에 비해 훨씬 빠르고 안전하며 정확하다. 덕분에 복구 인력과 장비를 가장 필요한 곳에 신속하게 투입할 수 있고, 작업자의 안전도 확보할 수 있다. 특히 드론, 위성, 지상 센서 등 다양한 출처의 데이터를 AI가 종합적으로 분석하면, 마치 퍼즐 조각을 맞추듯 전체 피해 상황을 더욱 입체적이고 정확하게 파악할 수 있다. 이를 통해 재난 복구 시간을 단축하고 피해 규모를 최소화할 수 있다.

미래의 재난 대응

AI는 에너지 분야의 재난 대응 방식을 근본적으로 변화시키며, 더욱 발전된 형태로 진화할 것이다. 현재 다양한 데이터를 활용하고 있지만, 미래에는 전력망 센서, 기상 위성, 소셜 미디어, 스마트 계량기, 지리정보시스템(GIS, Geographic Information System) 등 훨씬 더 광범위하고 다양한 데이터를 실시간으로 융합해 상황을 종합적으로 판단할 것이다.

아주 미세한 이상 징후까지도 놓치지 않고 재난의 전조를 파악하거나 피해 상황을 훨씬 더 정확하게 분석하는 일이 가능하게 된다. 생성형 AI(Generative AI)와 같은 최신 AI 기술은 단순한 데이터 분석 업무를 넘어, 복잡한 재난 시나리오를 스스로 생성해 모의 훈련을 하거나, 더욱 복원력 높은 전력망 설계를 제안하는 등 능동적인 의사 결정을 지원하고 예측 기반 제어에 활용될 수 있다(Choi et al., 2024).

기후 변화와 예측 불가능한 재난의 위협이 점점 커지

는 시대에, AI는 전력 에너지를 안정적으로 지켜 내는 핵심적인 역할을 계속 감당할 것이다.

AI 기술이 혁신적으로 발전하고 에너지 분야 재난 예측이나 대응을 위해 효과적으로 활용된다면, 우리는 어떠한 재난에도 흔들림 없는 안전하고 지속 가능한 에너지가 열어 가는 밝은 미래를 만들어 갈 수 있을 것이다.

참고문헌

최우성(2021). 일어날 수 없는 일이란 없다. 《KEPRI News》, 겨울호.

Alhelou, H., et al.(2019). A Survey on Power System Blackout and Cascading Events: Research Motivations and Challenges. *Energies, 12*(4), 682.

Choi, S. L., et al.(2024). eGridGPT: Trustworthy AI in the Control Room. NREL/TP-5D00-87440.

Eric Young(2025.2.6). Resilience through intelligence: AI's impact on utility disaster readiness. https://www.renewableenergyworld.com/power-grid/smart-grids/resilience-through-intelligence-ais-impact-on-utility-disaster-readiness/

Kuglitsch, M. M., et al.(2022). Facilitating adoption of AI in natural disaster management through collaboration. *Nature Communications, 13*, 1579.UNDRR. https://www.undrr.org/implementing-sendai-framework/sendai-framework-action/early-warnings-for-all

07
신재생에너지와 AI

대표적인 신재생에너지인 풍력 발전과 태양광 발전은 기상 조건의 영향을 받기 때문에 출력을 예측하는 것이 쉽지 않다. AI는 간헐적이고 복합적인 특성을 갖고 있는 신재생에너지 데이터를 분석해 출력 예측의 정확도를 높이고 고장 예방으로 유지 정비 비용을 절감한다.

AI와 운동주?

깨끗하지만 변덕스러운 에너지

전 세계적으로 기후 위기에 대응하고 탄소 중립이란 목표를 달성하기 위해 신재생에너지에 대한 관심과 투자를 집중하고 있다. 신재생에너지는 기존의 화석연료를 변환해 이용하거나 햇빛, 바람, 물, 지열, 생물유기체 등을 포함해 재생이 가능한 에너지를 변환시켜 이용하는 에너지를 포괄한다. 태양광, 풍력, 수력, 지열 발전 등이 대표적이다. 이들은 탄소 배출이 거의 없으며 고갈될 염려가 없다는 장점을 가진다.

이러한 특성 덕분에 신재생에너지는 기후 변화 대응과 각국의 에너지 자립을 위한 핵심 수단으로 그 중요성이 날로 커지고 있다. 하지만 이러한 신재생에너지는 자연의 힘을 이용하는 만큼, 날씨라는 변덕스러운 조건에 발전량이 크게 좌우되기 때문에 '간헐성'과 '변동성'이라는 본질적인 한계를 안고 있다. 해가 뜨지 않거나 구름이 많이 낀 날, 바람이 불지 않는 날에는 발전량이 급격히 줄어들 수 있다는 것이다. 간헐적이고 변동성이 큰 발전 특성은 전력 계통 운영의 안정성을 저해하고, 에너지 공급의 예측 불확실성을 높이는 주요 원인으로 작용한다.

과거에는 발전량의 변동성과 예측 불확실성 문제를 해결하기 위해 기상 예보에 의존하거나, 예비 발전 설비를 필요 이상으로 확보하는 등의 방법을 사용했다. 하지만 이는 정확도에 한계가 있고, 경제적 부담을 가중하는 단점이 있다. 그러나 최근 AI 기술이 비약적으로 발전하면서, 신재생에너지의 피할 수 없는 과제를 해결할 수 있는 강력한 도구가 되고 있다. AI는 복잡하고 방대한 양의 데이터를 분석해 패턴을 찾아내고, 이를 통해 미래를 예측하는 데 탁월한 능력을 보여 주기 때문이다. AI의 강력한 데이터 분석, 패턴 인식, 예측 및 최적화 성능은 신재생에너지가 가진 간헐성과 불확실성의 문제를 해결하는 데 핵심 역할을 할 수 있다.

신재생에너지의 변동성이라는 약점을 AI의 예측 및 제어 능력이 보완하며, 신재생에너지에 AI 기술은 없어서는 안 될 관계가 되고 있다. AI로 신재생에너지 발전량을 더욱 정확하게 예측하고, 생산된 전기를 효율적으로 저장하고, 전체 전력망을 스마트하게 관리해 에너지 공급의 안정성과 효율성을 획기적으로 높일 수 있다. 이는 단순히 개별 발전소의 성능 개선을 넘어, 신재생에너지가 우리 사회의 주력 에너지원으로 당당히 자리매김할 가능성을 보여 준다. 신재생에너지의 보급이 확대될수록 전력 시스템은 더욱 복잡해져 전통적인 방식으로는 관리하기 어려운 수준에 이를 것이다. AI의 도입은 이처럼 고도로 복잡해진 시스템을 '관리 가능한' 수준으로 만들고, 청정 에너지로의 전환을 실현 가능하게 만든다. AI는 신재생에너지의 한계를 해결하는 도구 수준을 넘어, 에너지 시스템 전체의 패러다임 전환을 이끄는 촉진제 역할을 하게 될 것이다.

AI를 만난 신재생에너지

AI는 신재생에너지의 다양한 분야에서 이미 혁신적인 변화를 이끌고 있다. 특히 태양광, 풍력 발전과 에너지 저장 시스템(ESS) 분야에서의 AI의 활약이 두드러진다.

태양광 발전은 태양전지(Solar cell)가 햇빛을 흡수하면 광전효과에 의해 전기를 생산한다. 이러한 태양전지를 여러 개 연결해 모듈을 만들고, 모듈을 다시 여러 개 조합해 태양광 발전 시스템을 구성한다. 태양광 발전의 가장 큰 어려움 중 하나는 날씨 변화에 따른 발전량을 정확하게 예측하는 것이다. AI는 일사량, 구름의 이동, 온도, 습도와 같은 다양한 기상 데이터와 더불어 미세먼지 농도, 과거 발전량 이력 등 방대한 데이터를 종합적으로 분석한다.

머신러닝과 딥러닝 알고리즘, 특히 시계열 데이터 분석에 강한 장단기 메모리(LSTM, Long Short-Term

Memory)와 같은 모델은 이러한 데이터 속에서 복잡한 패턴을 학습해 발전량을 매우 정확하게 예측한다. 발전량 예측 오차가 줄어들면 발전 사업자는 전력 거래소 입찰에 보다 유리하게 참여할 수 있고 전력망 운영자는 계통 안정성을 높일 수 있다. 나아가 환경 및 경제성을 고려한 최적 부지 선정을 지원함으로써 무분별한 발전소 건립을 방지하는 효과도 기대할 수 있다.

풍력 발전은 바람이 가진 운동에너지를 이용해 터빈의 날개(블레이드)를 회전시키고, 이 회전력으로 발전기를 가동해 전기를 생산한다. 바람이 풍부한 곳이라면 육상은 물론 해상에도 설치가 가능하며, 해상풍력은 육지보다 더욱 강하고 일관된 바람을 활용할 수 있어 발전 잠재력이 매우 큰 분야로 관심을 받고 있다. 그러나 풍력 발전 역시 바람의 세기(풍속)와 방향(풍향)에 따라 발전량이 크게 변하는 간헐성을 갖고 있다.

대형 터빈에서 발생하는 소음 문제, 조류 충돌과 같은 환경 영향, 그리고 특히 해상풍력의 경우 접근이 어려워 유지보수가 까다롭다는 등의 과제들을 해결해야 한다. AI는 풍력 발전의 효율성과 안정성을 높이고 다양한 어려움들을 해결하고 있다. AI는 기상 예보 데이터뿐만 아니라 풍력 터빈 자체의 과거 운전 데이터, 주변 지형 정보, 심지어 다른 발전기의 가동 상태까지 종합적으로 분석해 풍력 단지의 발전량을 매우 정교하게 예측한다. 정확한 예측 정보는 전력망 운영자가 전력 수급 계획을 효과적으로 수립하고 전력망의 안정성을 유지하는 데 결정적인 도움을 준다. 동시에 발전 사업자는 예측된 발전량을 바탕으로 전력 시장 참여 전략을 최적화해 발전 수익을 극대화할 수 있다.

에너지 저장 시스템(ESS)은 생산된 전기를 배터리 등의 저장 매체에 저장했다가 필요한 시점에 다시 공급한다. 태양광이나 풍력처럼 발전량이 불규칙한 신재생에너지의 간헐성을 보완하는 데 필수다. AI는 ESS의 운영 효율을 극대화에도 결정적인 기여를 한다. AI는 실시간 전력 가격, 예상 전력 수요, 신재생에너지 발전량 예측, 배터리 상태 등 다양한 변수를 고려해 ESS의 충전과 방전 시점을 최적으로 제어한다.

전력 가격이 저렴한 심야 시간대나 신재생에너지 발전량이 풍부한 시간대에 ESS를 충전하고, 전력 수요가 급증하거나 가격이 비싼 피크 시간대에 방전함으로써 경제적 이익을 높이고 전력망의 부하를 안정시킨다. 또한 배터리의 충방전 패턴을 최적화해 배터리 수명을 연장하는 데에도 기여할 수 있다.

AI가 만드는 신재생에너지의 미래

신재생에너지는 지속 가능한 미래를 위한 필수 선택이지만, 기상 조건에 따른 간헐성과 변동성이라는 태생적 한계를 극복해야 하는 과제를 안고 있다. AI 기술은 이러한 과제를 해결하는 데 혁신적이고 효과적인 해법을 제시한다.

AI는 발전량 예측 정확도를 획기적으로 높이고, 설비의 가동률을 증대하며, 에너지 손실을 최소화함으로써 신재생에너지 시스템의 전반적인 운영 효율성을 크게 향상한다. 환경적인 측면에서도 AI는 신재생에너지 활용을 극대화해 화석연료 의존도를 낮추고 온실가스 배출량 감축에 직접적으로 기여하고 전력망 안정성 향상으로 대규모 정전 사태를 예방하고 에너지 공급의 신뢰도를 높인다.

AI와 신재생에너지의 융합은 시작 단계에 불과하다. 하지만 2050년 탄소 중립 목표 달성을 향한 여정에서 AI의 역할은 더욱 중요해질 것이다. AI는 신재생에너지의 안정적인 대규모 보급을 지원함으로써 에너지 부문의 탈탄소화를 가속하는 핵심 동력이 될 것이다. 단순히 개별 신재생에너지원이나 ESS의 성능을 개선하는 것을 넘어 에너지 효율 향상, 스마트한 에너지 소비 패턴 유도,

그리고 차세대 청정에너지 기술 개발 촉진 등 AI는 다방면에서 탄소 중립 사회 실현에 기여할 잠재력을 지니고 있다.

AI 기술이 더욱 발전함에 따라 더욱 지능적이고 효율적인 에너지 시스템이 구축될 것이다. 나아가 AI와 신재생에너지의 성공적인 융합은 단순한 기술적 진보를 넘어, 에너지 안보 강화, 새로운 산업 및 일자리 창출, 그리고 기후 변화 대응을 위한 글로벌 협력 강화 등 사회경제 시스템 전반에 걸쳐 광범위하게 긍정적 파급 효과를 가져올 것이다. AI라는 막강한 도구와 함께 하는 신재생에너지가 만들어 갈 깨끗하고 지속 가능한 에너지의 미래가 기대된다.

참고문헌

최우성(2022). 전력 및 에너지 분야에서의 AI 활용과 과제. 《정보과학회지》, 40(2), 32~43쪽.

Zhang, J., et al.(2015). Baseline and target values for regional and point PV power forecasts: Toward improved solar forecasting. *Solar Energy, 122.*

08
에너지 신소재와 AI

경제성 확보뿐만 아니라 현장에서의 활용을 위한 제약이 여전히 많지만 AI는 에너지 생산, 저장, 변환을 위한 소재 분야에서 게임 체인저가 될 잠재력이 있다. AI는 전력이나 에너지 분야에서 전통적 소재가 갖고 있는 물리적 한계를 뛰어넘는 신소재 개발에도 큰 도움이 될 것이다.

AI와 한의학?

에너지 소재 개발의 새로운 패러다임

지속 가능한 에너지를 위한 인류의 여정에서 기후 변화 대응과 에너지 전환을 위한 에너지 시스템의 혁신은 선택이 아닌 필수다. 에너지 시스템의 혁신은 오래전부터 새로운 소재의 발견과 밀접하게 연관되어 왔다. 투명한 태양광, 저항이 거의 없는 케이블, 태양광 패널의 효율을 높이는 반도체, 더 많은 에너지를 저장하는 배터리 양극재, 수소 생산의 효율을 극대화하는 촉매와 같은 혁신적인 소재는 기존 기술이 갖고 있던 한계를 돌파하는 대표적 사례다. 그러나 전통적인 소재 개발 방식은 수많은 시행착오와 막대한 시간과 비용을 수반한다.

연구자들은 선행 연구 분석, 경험과 직관에 의존해 후보 물질을 설계하고, 이를 합성해 실험적으로 검증하는 과정을 반복한다. 이러한 시행착오에 의존하는 방식은 신소재로 구현하려는 무궁무진한 가능성의 영역, 이른바 '광대한 매개변수 공간(Parameter space)'을 탐색하는 데에 명확한 한계가 있다. 동시에 개발된 소재의 내구성, 수명 관리, 경제성 등을 확실하게 해결해야 한다.

AI는 에너지 분야뿐 아니라 모든 분야에서 신소재와 관련한 어려운 문제들을 해결하면서 소재 개발의 패러다임을 근본적으로 변화시키고 있다. 실제로 AI를 활용한 신소재 발견 사례는 꾸준히 보고되고 있다. 구글 딥마인드는 그래프 신경망(GNN, Graph Neural Network) 기반의 AI 모델 'GNoME(Graph Networks for Materials Exploration)'를 개발해, 기존에 알려지지 않았던 220만 개의 새로운 결정 구조를 예측했으며, 이 중 약 38만 개가 안정한 물질로 확인되었다. 잠재적으로 이들 중 상당수는 배터리, 태양전지, 초전도체 등 차세대 에너지 기술에 활용될 수 있는 가능성이 있어 학계의 주목을 받았다. 특히 리튬 이온 전도체로 유망한 528개의 새로운 후보 물질이 포함되어, 차세대 고체 배터리 개발에 대한 기대감을 높였다(Merchant et al., 2023).

또한 AI는 특정 목적에 맞는 소재를 설계하고 발견하는 데에도 적극적으로 활용된다. 그래프 신경망과 능동학습(Active learning) 기법을 결합해 수소 생산을 위한 새로운 전기화학 촉매를 탐색한다. 기존 데이터로부터 학습해서 유망한 후보 물질을 제안하고, 실험 결과를 다시 학습 데이터에 추가하는 반복적인 과정으로 효율이 높은 촉매를 발견한다(Chun et al., 2024). 이러한 접근 방식은 값비싼 귀금속 촉매를 대체할 수 있는 저비용 고효율 촉매 개발을 가속화해 그린 수소 생산의 경제성을 높이는 데 기여할 수 있다.

한편 AI 기술은 연구자가 에너지 변환 효율이나 저장 용량을 특정 목표값으로 설정하면, AI 작곡가가 새로운 멜로디를 창조하듯, 이를 만족하는 최적의 원자 조합과 구조를 가진 신소재 후보를 찾아 줄 수 있다. 차세대 태양전지로 주목받는 페로브스카이트(Perovskite) 소재의 안정성 및 효율 개선 연구에서도 AI는 수많은 조합 중 최적의 후보를 예측하고, 실험 횟수를 획기적으로 줄이는 데 기여하고 있다(Tao et al., 2021).

물론 AI가 제안한 성분들이 구성된 소재의 실제 합성과 성능 검증은 여전히 인간 연구자의 몫이다. 그러나 AI는 최적의 조합을 찾기 위한 탐색 공간을 획기적으로 줄여 주고 혁신적인 아이디어를 제공해 에너지 소재를 위한 혁명에서 핵심 역할을 수행하고 있다.

AI가 만드는 혁신적인 소재

AI는 기존의 물리적 한계를 뛰어넘는 새로운 소재의 발견, 설계, 제작, 검증 및 인증 과정의 획기적인 단축으로 에너지 기술의 미래를 바꾸고 있다. 대표적으로 전자파로부터 우리를 보호하는 투명한 전자파 차폐 방패부터 에너지 손실 없이 전기를 운반하는 꿈의 케이블까지, AI는 상상을 현실로 만들고 있다.

전력 설비에서 발생하는 전자파의 무해성이나 유해성에 대한 논쟁이 20여 년간 국내외에서 꾸준히 이어졌지만 명확한 결론은 내려지지 않았다. 그러나 전력 설비 건설에 따른 전자파의 인체 영향에 대한 우려와 사회적 갈등을 해소하기 위한 노력들은 지속되고 있다.

예를 들어 송변전 설비에서 발생하는 자계에 대한 우려를 불식하기 위해 신차폐재 개발로 전자파를 저감하는 연구들이 있다. 기존에는 주로 규소 강판과 같은 금속 기반의 차폐재가 사용되었지만, 무겁고 부식에 취약하며 고주파수 대역에서 효율이 떨어지는 단점이 있다.

AI는 이러한 한계를 극복하는 전자파 차폐 신소재 개발에 핵심 역할을 할 수 있다. 먼저 다양한 소재의 특성을 체계적으로 정리하고 분석해, 우수한 차폐 성능을 가진 새로운 후보 물질의 효율적 발굴을 돕는다. 다음으로 XG부스트(XGBoost, eXtreme Gradient Boosting)와 같은 AI 모델은 복잡한 데이터 세트 내 숨겨진 상관관계를 파악하고 후보 물질의 차폐 효과를 높은 정확도로 예측해 스크리닝 과정을 획기적으로 단축한다. 이를 통해 철코발트(FeCo) 기반 합금과 같이 전자파 차폐 특정 요구사항에 맞춰진 소재 설계가 가능하다.

AI는 복합 소재의 최적화 설계에 더욱 효과적이다. AI

기반 최적화는 기계적 물성을 유지하면서 충전재 사용량을 최소화하고 전자파 차폐 성능을 극대화할 수 있다. 단순히 차폐 효과를 극대화하는 것을 넘어 비용, 기계적 강도, 가공성, 원료 사용량 등 현실적인 제약 조건들을 동시에 고려해 '스마트하게 최적화된' 차폐재 설계가 가능할 것이다.

전기 저항이 '0'이 되는 초전도 현상은 에너지 손실 없는 송전, MRI 같은 의료 영상 기술, 강력한 자기장을 필요로 하는 연구 장비 등 다양한 분야에서 혁명적인 변화를 가져올 수 있는 기술이다. 특히 고온 초전도체의 개발은 값비싼 액체헬륨 냉각의 필요성을 줄여 초전도 기술의 광범위한 상용화를 앞당길 수 있다. 오래전 대부분의 초전도체는 우연히 발견되었다. 점차 시뮬레이션 기술이 발전했지만 전자-포논 스펙트럼 함수와 같은 물성 계산을 위해 필요한 양자역학적 원자시뮬레이션(DFT, Density Function Theory)의 막대한 계산 비용 때문에 체계적인 탐색이 어려웠다. 그러나 AI는 기존에 연구된 수많은 물질 데이터베이스와 양자역학 계산 결과를 학습하고 초전도 현상을 보이는 새로운 물질 후보군을 예측해 물리적인 실험 횟수를 획기적으로 줄여 준다. 또한 부족한 실험 데이터를 방대한 시뮬레이션 데이터로 보강해 복잡한 양자 현상을 이해하는 데에도 도움을 준다. 3차원 공간에 분포된 양자역학적 화학 결합 정보를 신경망 알고리즘으로 학습하고 계산을 가속화하기도 한다 (Lee & Kim, 2024).

이와 같이 AI는 이론 모델과 실험 현실 사이의 간극을 메우며 초전도체를 넘어 위상 물질, 양자 자성체 등 특이한 물성을 지닌 완전히 새로운 기능성 소재군을 발견할 수 있는 잠재력을 보여 준다.

AI와 함께하는 에너지 소재의 미래

AI는 에너지 소재의 발견, 설계, 개발 및 배포 방식을 근본적으로 혁신해, 관련 프로세스를 더욱 빠르고 효율적이며 창의적으로 만든다. AI는 과거 수십 년이 걸렸을 신소재 개발 기간을 단축하고, 상상 속에서만 가능했던 특성을 지닌 물질을 현실에서 구현하고 있다.

머지않아 전 세계적인 청정에너지로의 전환에 필요한 핵심 소재들이 AI 기술로 신속하게 개발되고 보급되는 미래를 마주하게 될 것이다. 물론 방대한 데이터 확보, 막대한 계산 비용, AI 모델의 신뢰성 문제 등 해결해야 할 과제들이 있다. 그러나 AI 연구에 대한 꾸준한 투자, 소재 연구자와 AI 전문가 및 엔지니어 등 다양한 분야 전문가들 간의 긴밀한 학제 간 협력, 견고한 데이터 인프라 구축, 숙련된 전문 인력 양성 등으로 과제들을 적극 해결해 나간다면 AI가 가져다줄 기회는 무궁무진할 것이다.

AI 기술로 소재를 설계하는 능력은 더욱 강력해질 것이고, AI라는 혁신적이고 강력한 도구를 장착한 에너지 소재 연구는 전력 및 에너지 분야의 미래를 밝히는 혁신의 여정을 힘차게 이끌 것이다.

참고문헌

Butler, K. T., et al.(2018). Machine learning for molecular and materials science. *Nature, 559*, pp.547~555.

Chun, H., et al.(2024). Active learning accelerated exploration of single-atom local environments in multimetallic systems for oxygen electrocatalysis. *npj Computational Materials, 10*, 246.

Daniel, C., et al.(2024). Advanced Research Directions on AI for Energy, Report on the U.S. Department of Energy(DOE) Winter 2023 Workshop Series on Artificial Intelligence(AI) for Energy. DOE.

Lee, R. G. & Kim, Y. H.(2024). Convolutional network learning of self-consistent electron density via grid-projected atomic fingerprints. *npj Computational Materials, 10*, 248.

Liu, Y., et al.(2021). Machine learning for advanced energy materials. *Energy and AI. 3*, 100049.

Merchant, A., et al.(2023). Scaling deep learning for materials discovery. *Nature, 624*, pp.80~85.

Tao, Q., et al.(2021). Machine learning for perovskite materials design and discovery. *npj Computational Materials, 7*, 23.

09
발전 분야 디지털 트윈과 AI

에너지 전환 시대에 디지털 트윈의 필요성은 더욱 커지고 있으며, 에너지 산업의 발전 분야에는 디지털 트윈 기술을 적용할 수 있는 다양한 자산들이 존재한다. 발전 산업, 특히 복합 화력 발전, 풍력 발전, 태양광 발전, 그리고 원자력 발전 시스템을 중심으로 디지털 트윈 기술의 적용 사례를 소개한다.

AI와 화장품?

디지털 트윈 정의

오래전부터 현실의 시스템을 컴퓨터로 모방하려는 시도가 있었다. 1970년 아폴로 13호가 달 탐사 중 위기에 처했을 때, 미국 항공우주국(NASA)의 엔지니어들은 지상의 시뮬레이터를 이용해 우주선의 상태를 재현하고 해결책을 찾으려 노력했다. 디지털 트윈(Digital twin) 초창기의 모습이라 생각한다.

최근 수십 년간 빅 데이터 처리 기술과 AI가 눈부시게 발전하면서 디지털 트윈은 제조, 항공우주, 의료, 스마트 시티 등 다양한 분야에서 혁신적인 변화를 이끌고 있다. 제조 산업에서는 제품 설계부터 생산, 품질 관리, 유지보수에 이르는 전 과정에 디지털 트윈을 적용해 효율성을 높이고 불량률을 감소한다. 항공우주나 자동차 산업에서는 시스템 설계, 시뮬레이션, 유지보수, 모의 운전 훈련 등에 활용되어 안전성을 강화하고 비용을 절감한다. 의료 분야에서는 환자의 생체 데이터를 기반으로 개인 맞춤형 디지털 트윈을 구축해 질병 예측, 치료 계획 수립, 신약 개발 등에 활용하고 있다. 스마트 시티에서는 도시 전체의 교통, 에너지, 환경 시스템을 디지털 트윈으로 모델링해 효율적인 도시 운영 및 관리를 가능하게 한다.

디지털 트윈은 현실 세계에 존재하는 물리적인 자산이나 시스템, 프로세스와 똑같은 가상 모델을 의미한다. 단순히 데이터를 모아 놓은 것이 아니라, 실제 자산의 현재 상태와 과거 이력을 반영하고, 센서 데이터, 시뮬레이션 결과, AI 분석 등을 융합해 실시간으로 업데이트되는 복제 모델이라 할 수 있다. 디지털 트윈의 핵심은 현실 세계에 존재하는 물리적 개체와 가상공간에서 구현되는 디지털 모델 간의 긴밀한 연결성에 있다. 이러한 상호 연결로 디지털 모델은 실제 물리적 개체의 작동 원리, 성능, 상태 등을 포함해 잠재적인 문제점을 예측하고 분석할 수 있다.

디지털 트윈 모델은 크게 세 가지로 나눌 수 있다. 물리 기반 모델(Physics-based Model)은 대상 시스템의 물리적 법칙과 공학적 원리에 기반한 수학적 모델이다. 시스템의 작동 원리를 이해하는데 도움이 되지만, 시스템이 복잡해지면 모델로 만들기 어렵다. 모델이 너무 복잡해지면 수식 계산이 불안정해질 수 있다는 단점이 있다. 데이터 기반 모델(Data-driven Model)은 실제 시스템에서 수집된 방대한 데이터를 통계적 방법이나 AI 알고리즘을 이용해 분석하고, 이를 바탕으로 시스템의 행동 패턴을 학습해서 만들어진다. 물리적 원리를 파악하기 어려운 복잡한 시스템에 적용할 수 있지만, 데이터의 품질에 크게 의존하며 '블랙박스'처럼 내부 작동 원리를 이해하기 어려울 수 있다. 하이브리드 모델(Hybrid Model)은 물리 기반 모델과 데이터 기반 모델의 장점을 결합한 방식이다. 최근 가장 많이 연구되고 있으며, 물리적 이해와 데이터로부터 얻은 통찰력을 함께 활용해 보다 정확하고 신뢰성 높은 디지털 트윈을 구축할 수 있다.

발전 분야에서 디지털 트윈

에너지 산업은 현재 탈탄소화, 분산화, 디지털화라는 거대한 흐름 속에서 전례 없는 변화를 겪고 있다. 발전 분야는 에너지 안보, 경제성, 환경 지속 가능성과 직결된다. 급변하는 에너지 환경 속에서 발전 시스템의 효율적인 운영과 관리가 더욱 중요해지고 있으며, 디지털 트윈 기술은 이러한 요구에 부응하는 혁신적인 솔루션을 제공한다. 디지털 트윈 기술은 다양한 종류의 발전 시스템에 적용되어 각 시스템의 특성에 맞게 활용되고 있다(Choi et al., 2024).

복합 화력 발전소의 디지털 트윈은 가스 터빈, 증기 터빈, 보일러, 발전기 등 발전소 핵심 설비의 실시간 데이터를 수집하고 분석해 성능 저하, 잠재적인 고장 징후를 감지하고 예측한다. 이를 통해 최적의 운전 조건을 설정하고 예측 정비를 수행해 발전소의 효율성과 가용성을 극대화할 수 있다.

예를 들어 가스 터빈 압축기 입출구 온도 및 압력 데이터를 분석해, 성능 저하를 조기에 진단하고 최적의 세정 주기나 부품 교체 시점을 제시할 수 있다. 또한 과거 운전 데이터를 기반으로 미래의 성능을 예측하고 운영 효율을 높일 수 있다. 전산 해석에 기반을 둔 디지털 트윈 모델을 이용하면 실시간 운전 조건을 고려해 가스 터빈 블레이드나 베인의 실시간 손상 정도를 예측할 수도 있다(최우성 외, 2014).

풍력 발전 시스템의 디지털 트윈은 풍속, 풍향, 기온 등의 기상 데이터와 터빈의 회전 속도, 블레이드 각도, 발전량 등의 운전 데이터를 실시간으로 수집하고 분석한다. 이를 통해 발전량을 예측하고 터빈의 효율을 최적화한다. 블레이드 손상, 기어박스 이상 등 잠재적인 고장을 사전에 감지해 유지보수 시점을 결정하고 비용을 절감할 수 있다. 특히 해상풍력 발전 시스템은 디지털 트윈을 활용한 원격 모니터링 및 진단 시스템 구축으로 유지보수 작업의 효율성과 안전성을 높일 수도 있다(Wang et al., 2021).

태양광 발전 시스템의 디지털 트윈은 일사량, 온도, 습도 등의 기상 데이터와 태양광 패널의 발전량, 전압, 전류 등의 운전 데이터를 실시간으로 수집하고 분석한다. 이를 통해 발전량 예측 정확도를 높이고, 패널의 성능 저하, 고장 등을 감지해 유지보수 시점을 최적화한다 (Delussu et al., 2022).

또 에너지 저장 시스템과의 연계로 안정적인 전력 공급을 지원할 수 있다. 드론과 AI 기반의 이미지 분석 기술을 디지털 트윈과 결합해 태양광 패널의 열화 상태나 오염 정도를 자동으로 감지하고 유지 보수 계획을 수립하는 데도 활용될 수 있다.

발전소 중에서도 원자력 발전소의 안전성은 무엇보다 중요하다. 디지털 트윈은 사전에 사고나 이상을 감지하는 것뿐만 아니라 사고 발생 시뮬레이션으로 비상 대응 계획을 수립하고 훈련하는 데 활용될 수 있다.

원자로 냉각 시스템의 이상 징후를 조기에 감지해 사고를 예방하고, 만약의 사고 발생 시뮬레이션으로 방사능 누출 범위를 예측하고 대응 방안을 마련하는 데 도움을 줄 수 있다. 이처럼 디지털 트윈은 발전 시스템의 안전성과 신뢰성을 획기적으로 향상하는 데 중요한 역할을 수행한다(Lin et al., 2020).

디지털 트윈의 도전 과제와 미래

발전 산업에서 디지털 트윈 기술을 성공적으로 활용하기 위해 기술적인 측면뿐만 아니라 조직적, 경제적 측면 등 다양한 요소를 고려해야 한다.

디지털 트윈을 구축하고 검증하기 위해 실제 발전소로부터 고품질의 실시간 데이터를 지속적으로 확보하는 것이 중요하다. 상업용 가스 터빈이나 풍력 터빈의 경우, 물리적 개체에 직접 센서를 연결해 데이터를 얻는 것이 기술적으로나 계약적으로 어려울 수 있다. 또한 사물인터넷(IoT) 기술의 발전으로 방대한 양의 데이터 수집이 가능해졌지만, 이를 분석하고 처리하기 위해서는 상당한 시간과 비용을 투자해야 한다.

한편 다양한 물리 기반 및 데이터 기반 디지털 트윈 모델링 도구들이 존재하지만, 문제와 데이터에 따라 가장 적합한 모델을 선택하는 것은 여전히 어려운 일이다. 특정 작업에서 매우 우수한 성능을 보이는 디지털 트윈이라고 해도, 해당 범위를 벗어나면 정확도나 견고성이 떨어지는 경우가 많다. 이러한 정밀도와 일반화 사이의 간극을 줄이는 노력이 필요하다.

디지털 트윈 소프트웨어나 프레임워크를 공유하는 것과 관련된 개인정보 보호 문제는 산업 전반의 기술 균일

화를 늦추는 요인이 된다. 속도가 다소 늦어지더라도 발전 시스템의 디지털 제어와 관련된 안전성 문제, 그리고 디지털 데이터 자체의 보안 문제도 반드시 고려되어야 한다.

미래의 디지털 트윈은 강화 학습 기법이나 에이전틱 AI 기법들로 스스로 의사 결정을 내리고 시스템을 자율적으로 운영하는 수준으로 발전할 것이다. AI 기반의 자율 제어 시스템과 디지털 트윈이 융합되면, 발전소 운영자는 최소한의 개입으로 발전소를 효율적이고 안전하게 운영하게 될 것이다.

이는 인력 부족 문제 해결, 운영 비용 절감, 시스템 효율성 극대화에 기여할 수 있다. 현재 마주하고 있는 도전 과제들을 극복하고 급속도로 발전하고 있는 AI 기술이 더욱 활용된다면, 디지털 트윈은 발전 산업을 넘어 전력 산업의 혁신을 이끌 것이다.

디지털 트윈으로 더 저렴하고 안정적인 에너지를 공급하는 에너지 전환의 시대가 눈앞에 펼쳐지고 있다.

참고문헌

최우성 외(2014). 실 운전조건을 고려한 가스터빈 블레이드 수명평가. 《대한기계학회논문집 A》, 38(10), 1185~1191쪽.

Choi, W., et al.(2024). Digital twin in the power generation industry. *JMST Advances, 6*(1), pp.103~119.

Delussu, F., et al.(2022). Experiments and comparison of digital twinning of photovoltaic panels by machine learning models and a cyber-physical model in modelica. I*EEE Transactions on Industrial Informatics, 18*(6), pp.4018~4028.

Lin, L., et al.(2020). Development and Assessment of Data-driven Digital Twins in a Nearly Autonomous Management and Control System for Advanced Reactors. *2020 International Conference on Nuclear Engineering*, ICONE2020-16813.

Wang, M., et al.(2021). Recent progress on reliability analysis of offshore wind turbine support structures considering digital twin solutions. *Ocean Engineering, 232*, 109168.

10
에너지 분야 AI 활용을 위한 과제

AI 기술이 에너지 분야에 활용되는 사례가 증가하고 있지만 여전히 워크플로 전반에 걸쳐 해결해야 할 과제가 많다. 효과적인 AI 활용을 위해서 문제 정의, 데이터 확보, 데이터 처리 및 분석, 모델 훈련 및 평가, 모델 배포, 성능 모니터링 및 검증 등으로 구성된 워크플로에서 존재하는 장애물들을 극복해야 한다.

종교와 AI?

혁신적인 변화의 시대

급변하는 시대 속에서 AI는 에너지 분야에도 혁신적인 변화를 가져오고 있다. 전 세계적인 탈탄소화, 에너지 시스템의 분산화, 디지털 기술의 발전은 전력 및 에너지 산업의 패러다임을 근본적으로 바꾸고 있으며, 이러한 변화의 중심에 AI 기술이 있다.

AI는 에너지 분야에서 혁신적인 가능성을 제시하지만, AI 기술을 현장에 성공적으로 적용하고 그 효과를 극대화하기 위해서 해결해야 할 과제들이 있다.

의미 있는 데이터 확보 및 전처리

딥러닝으로 대표되는 AI의 경우 솔루션의 목적에 맞는 정확성을 향상하기 위해서 방대하면서도 유의미한 데이터가 필요하다. 에너지 분야에서는 설비의 다양함 못지않게 다양한 형태의 데이터가 방대하게 생산된다. 아직까지는 단일 유틸리티의 다른 소스에서 생성된 데이터들의 종합적인 분석도 충분하지 않아 만족할 만한 수준의 결과를 얻는 것이 쉽지 않다.

에너지 시스템 전체를 볼 때 발전 · 송변전 · 배전 계통에서 발생하는 데이터 형식이 상이하기 때문에 통합 분석도 어렵다. 이러한 이종성(Heterogeneity)은 AI 학습과정에서 특징 추출의 효율성을 저하시킨다. 따라서 단일 유틸리티뿐만 아니라 이종의 유틸리티 간 데이터 통합을 위한 표준화된 프레임워크 구축과 데이터 공유로 가용할 수 있는 데이터를 최대한 많이 확보하고 분석해야 한다.

개별적인 사일로(Silo)에 갇혀 파편화된 데이터를 이용하는 AI 솔루션 개발이 아니라 해결하고자 하는 문제에 맞는 데이터를 사전에 정의하고 처음부터 표준화된 방식으로 데이터를 쌓아 가는 전략도 필요하다.

실제 AI 활용 사례를 분석해 보면 AI 알고리즘 개발이나 검증 과정에 비해, 데이터에 의미를 부여하는 라벨링(Labeling)을 포함한 데이터 전처리 과정에 훨씬 많은 시간과 비용이 소요된다.

많은 데이터에 레이블을 지정하려면 주제별 전문 지식이 필요하고 자동으로 지정하는 것에는 한계가 있기 때문에 관련 분야에 속한 전문 인력이 포함된 고비용의 수동 레이블 작업이 이루어지고 있다. 따라서 이상치 탐지, 자동 클러스터링 등 AI 기술 자체를 활용해서 데이터 전처리 과정을 간소화하고 효율성을 높이는 것이 중요하다.

사용 편의성과 시스템 간 호환성 확보

아무리 뛰어난 AI 솔루션이라도 현장에서 사용하기 어렵거나 기존 시스템과 원활히 연동되지 않으면 실효성이 떨어진다. 실제 현장에서의 AI 활용을 안정적으로 확대하기 위해서는 전문가가 아니라 현장의 실무자들이 쉽게 해석하고 사용할 수 있는 사용 편의성 확보가 필수다. 현재 많은 AI 도구들은 전문적인 지식 없이는 다루기 복잡해 현장 적용 및 확산에 어려움을 겪고 있다.

현재 대부분의 에너지 시스템은 다양한 제작사의 설비, 여러 종류의 운영 시스템, 수많은 통신 프로토콜이 복잡하게 얽혀 구성된다. 에너지 시스템이 점차 복잡해지면서 다양한 에너지 시스템을 효과적으로 통합하고 운영하는 것이 더욱 중요해지고 있다.

특히 신재생에너지 확대, 에너지 저장 장치 도입, 전기차 충전 인프라 확충, 데이터센터 증가 등 에너지 믹스가 다변화되고 있기 때문이다.

이러한 상황에서 시스템 간 데이터 및 서비스의 호환성(Interoperability)이 부족하면, AI가 특정 시스템이나 설비에 국한되어 고립된 형태로 운영될 수밖에 없다. 이는 전체 에너지 시스템의 최적화를 달성하는 데 큰 제약으로 작용한다. 따라서 코딩 지식이 부족한 현장 실무자도 쉽게 AI 모델을 구축하고 활용할 수 있도록 지원하는 '로코드(Low-code)' 또는 '노코드(No-code)' 플랫폼의 개발과 보급이 필요하다.

유럽연합의 에너지 데이터 스페이스인 '에너셰어(Enershare)'와 같이 데이터 형식, 통신 프로토콜, API (Application Programming Interface) 등에 대한 표준화로 시스템 간 장벽을 허물고, AI가 다양한 데이터를 원활하게 주고받으며 유기적으로 작동할 수 있는 환경을 조성해야 한다.

장기 신뢰성 확보 및 안정적 유지관리

에너지 분야는 국가 핵심 인프라로 AI 솔루션의 높은 신뢰성과 안정성이 필수다. 그러나 AI 모델은 제한된 데이터와 과거 시나리오 기반으로 학습되어 실제 운영 환경의 모든 상황에 완벽히 대응하기 어렵다.

시간이 지남에 따라 예측 정확도가 떨어지는 '모델 드리프트(Model drift)' 현상이 나타날 수도 있다. 이는 AI 솔루션 신뢰성을 저해하고 잘못된 의사 결정을 유발할 수 있다. 따라서 AI 솔루션은 지속적인 모니터링, 새로운 데이터 기반 재학습 및 검증, 모델 구조 개선 등 MLOps(Machine Learning Operations) 체계 확립으로

'살아 있는 시스템'으로 관리되어야 한다.

단순히 초기 알고리즘 개발뿐만 아니라, AI 모델의 전체 생애 주기에 걸친 관리가 포함된다. 특히 에너지 분야 현장에 AI 솔루션을 적용하기 전에는 평상시의 정상 상태 데이터 외에 과도상태 데이터, 예방 정비 전후 설비 상태 데이터 등을 반영해야 한다.

'최소 6개월 이상의 현장 적용 및 검증'을 거쳐 실제 운영 환경에서의 성능을 철저히 확인하고, 대상 시스템별로 실시간 데이터 분류, 분석 및 통합으로 AI 모델을 지속적으로 업데이트하기 위한 명확한 체계와 기준도 수립해야 한다.

데이터 개인정보 보호 및 보안

AI 기술의 효용성 이면에는 데이터 프라이버시 침해와 사이버 보안 위협이 존재한다. 스마트시티 대상 AI 학습 데이터에는 개인의 에너지 사용 패턴 등 민감 정보가 포함될 수 있다. 발전소나 변전소와 같은 에너지 시스템은 사이버 공격 시 국가 안보와 경제에 막대한 피해를 줄 수 있는 핵심 기반 시설이다.

AI 모델이나 학습 데이터를 해킹하거나 변조하면 시스템이 마비되거나 파괴될 수 있다. 이러한 개인 프라이버시 및 사이버 보안 문제는 기술적 해결책만으로 충분하지 않으며, 대중 및 산업 이해관계자들 사이에 신뢰 부족(Trust deficit)을 야기하고 AI 기술의 수용과 확산을 가로막는 주요 원인이 될 수 있다.

개인정보 비식별화 기술, 동형암호, 차등 정보 보호(Differential privacy), 그리고 여러 참여자가 각자의 데이터를 공유하지 않고 공동으로 AI 모델을 학습시킬 수 있는 연합 학습(Federated learning)과 같은 프라이버시 강화 기술(PETs, Privacy-Enhancing Technologies)의 적극적인 도입과 연구개발이 필요하다.

동시에 '데이터에 대한 접근 및 사용을 엄격하게 관리하는 법적 기준'을 마련하고, 강력한 사이버 보안 체계를 구축하며, AI 모델의 보안 취약점을 지속적으로 점검하고 보완해야 한다. 나아가 안전하게 개인정보를 존중할 수 있는 '신뢰할 수 있는 AI(Trustworthy AI)' 구축이 필요하다.

에너지 AI 융합 인재 확보

에너지 산업은 안정성이 중요하고 장기적인 투자가 이루어지기 때문에 AI 고급 인재를 유치하기 어려운 구조가 있다. IT나 AI 기업 대비 임금이 낮은 편이며, 규제 산업 특성상 기술 도입 속도는 느리다. 자동화가 이루어질수록 단순 운전 인력의 수요는 줄어들지만, 데이터 분석, AI 모델 운영 등을 맡는 고급 인재의 필요성은 더욱 높아지고 있다.

상대적으로 AI 개발자는 많은데, 에너지 도메인에 대한 이해가 부족한 경우가 많아서 '에너지+AI' 융합형 인재 양성이 필요하다. 이를 위해 기존 인력을 재교육하는 커리큘럼을 수립해서 지속적으로 운영하고 파격적인 조건으로 새로운 인재를 영입하는 노력과 투자를 병행해야 한다.

도전을 기회로

에너지 분야에서 AI는 단순한 기술적 진보를 넘어, 우리가 직면한 에너지 전환이라는 시대적 과제를 해결하고 지속 가능한 미래를 구현하는 데 핵심적인 역할을 수행할 잠재력을 보여 주고 있다. 그러나 그 과정에는 데이터 가용성 제약, 데이터 처리의 복잡성, 사용 편의성 및 상호 운용성 부족, 장기적 신뢰성 확보의 어려움, 그리고 데이터 프라이버시와 보안 문제, 전문 인력 확보 등의 도전 과제가 놓여 있다.

과제 극복을 위해 지속적인 관심과 투자, 그리고 산업

계, 학계, 정부 등 다양한 이해관계자 간 긴밀한 협력이 필수다. 특히 개별 에너지 인프라를 운영하고 있는 이해관계자 간 공유 데이터 및 사이버 보안 관련 기준을 표준화하고 상호 운용 가능한 플러그 앤 플레이 솔루션을 개발하고 운영하는 것이 중요하다.

장기적으로는 에너지 시장의 확대에 따라 공평하고 공정한 데이터 분배를 고려한 정부 차원에서의 투자와 규제도 필요하다. 이러한 노력이 에너지 생애 주기 전반에 걸쳐 전례 없는 수준의 효율성, 안정성, 지속 가능성을 구현할 혁신의 핵심 동력이 될 것이다. 나아가 AI는 전력, 에너지 분야뿐만 아니라 전 산업에 걸친 실질적이고 파괴적인 혁신을 이끌어 갈 것이다.

참고문헌

최우성(2022). 전력 및 에너지 분야에서의 AI 활용과 과제. 《정보과학회지》, 40(2), 32~43쪽.

Dong, T., et al.(2024). Multi-source Heterogeneous Data Fusion and economic Benefit Analysis in Power Systems. *Proceedings of the International Conference on Decision Science & Management(ICDSM '24).*

Enershare. The Energy Data Space for Europe. https://enershare.eu/

최우성

한국전력공사 전력연구원의 책임연구원이자 연구전략실 R&D 비즈팀장이다. 서울대학교 기계공학과에서 시스템 고장 예지(PHM, Prognostics and Health Management) 주제로 박사 학위를 받았다. 독일 프라운호퍼(Fraunhofer), 지멘스(SIEMENS), 미국 전력연구소(EPRI) 등과 12건의 국제 공동 연구를 수행했으며 EPRI에서 2년간 파견 연구원으로 근무했다. 엔비디아 앰버서더 및 AI 인증 강사, 인공지능 커뮤니티·사단법인 AI프렌즈의 창립 이사로 활동 중이며, 국내 기술 표준의 국제화를 위해 미국기계학회(ASME) 위원으로도 활동하고 있다. 주요 전문 분야는 시스템 고장 예지, 머신러닝 · 딥러닝으로 AI 솔루션 5종 개발, 프로그램 16건, 특허 37건, SCI급 논문 13편의 연구 실적이 있다. 대표 논문으로 "Tutorial on time series prediction using 1D-CNN and Bi-LSTM: A case example of peak electricity demand and system marginal price prediction"(2023, 교신), "Operation-Adaptive Damage Assessment of Steam Turbines Using a Nonlinear Creep-Fatigue Interaction Model"(2020) 등이 있다.